决定孩子一生的五项特质

——王飞博士家庭教育方法课

王飞 邱羽 著

黑龙江教育出版社

前　言

在旧金山时,曾听到一个老人讲起这样一件事。

他说,在美国,华人是个总能创造"奇迹"的群体。第一代华人刚刚到达美国时,与其他"淘金族"一样,除了梦想剩下的只有力气和活下去的信念。他们去做各种各样的苦力。然而,他们不像其他种族的人那样用挣到的钱追求个人享受,而是节衣缩食,积攒每一分钱,留下最基本的生活费用后,全部投资到子女的教育上。不管自己受多少煎熬,也要让孩子受到最好的教育。所以大部分华人家庭第二代就能脱离社会最底层跻身于上流社会。在高校毕业典礼上,经常有这样的感人场面:

华人学生发表感恩致辞时,都是满面泪水、泣不成声地从后台用轮椅把自己的父辈推出来——刚刚五六十岁的人却是皱面鹤发、佝偻残喘,但老人的目光中却闪烁的是"蜡炬成灰"的爱以及无比的自豪与荣耀……

"再苦不能苦孩子,再穷不能穷教育"是中华民族的传统。以前是,当今是,以后也不会变。

现在家长的素质越来越高,孩子的数量较以前越来越少。这为"家庭教育"的实施准备了先决条件。在孩子的幼年时期乃至更早阶段的教育成了一个潮流，甚至成了家长必修课。

每一次我讲完课后，便被围住追问林林总总的问题，概括如下：

"王老师，我们家的孩子还小，我们做父母的也有时间来教育孩子，希望能从小抓起，在孩子的幼年时期多给予孩子些终生受益的东西。我们能做什么？"

"我们没有你们家做得那么好，把孩子培养得那么优秀，但我们的孩子刚上小学，时间上还来得及，我们今后应该如何纠正偏离的轨道让孩子走上坦途？"

"我们家的孩子现在做得还好，在今后如何将好的方面坚持下去，另外，还需要在哪些方面努力，朝着哪个方向前进？"

"我们家孩子对学习没有兴趣，该怎么样引导才能让他们对学习产生热情呢？"

……

针对以上问题，我把近几年的研究成果及实验方案收录成册。

希望这些文字能如提出"影响教育"理念的初衷，对各位读者朋友产生些微"影响"。

作　者

2009 年 6 月 15 日于北京

"影响教育"理念

观念改变人生;方法成就人生;习惯塑造人生。

具体的解释:正观念,追根源;讲方法,重策略;养习惯,纠做法。

首先摆正认识,也就是观念,真正找到所出现的问题的根源所在,把握前进的方向;方法是轨道,正确的方法可以减少"弯路",最大限度地提高效率,从而事半功倍;沿着正确的方向,用最有效的方法培养良好的习惯来替代不好的习惯,纠正了做法,从而把学习进行到底。

伽利略曾经说过:"你不能教会别人任何东西,你只能帮助别人发现一些东西。"

爱因斯坦说:"我从未教过我的学生,我只是创造了一个让他们学习的环境。"

王飞博士说:"优秀的学生不是老师教成的,而是'影响'造就的。教只能几年,而影响却是一生。"

作为外因的老师和家长,只能通过方法由外而内"影响"学生;而学生的改变,也就是通过纠正习惯自内而外塑造自己。

"影响教育"新语录

关于成功

● 普通人喜欢羡慕别人成功的结果；有心人总是学习别人成功的过程。

● 成功就是一场魔术，眼花缭乱的表象背后，真相简单得让你失望。

● 一个人的一生有多大成就，不是取决于你是什么样的人，而是取决于你认识什么样的人。

● 成功的难度不在于如何做一件事情，而在于你还能再重复做这件事情多久。

● 教给孩子知识，他们只能受益一时；塑造孩子习惯，才能影响他们一生。

● 难是一个人不做某事的借口，同时也是其全情投入的理由。

关于说话

● "口"是"心"之声。

● 未来是"口本家"——以口作为生存资本的人——的时代。

● 拿破仑说:"历史只不过是被人们承认的寓言故事。"历史是用"口"说出来的,未来也是用"口"说出去的。有"口才"一定是"人才"。

关于读书

● 读书是很好的学习,同时也是很好的学习方法。

● 读书可以增智、娱心、养性、延年益寿。

关于写作

● 文字是思想的外衣。

● 写作训练不是写真人真事和亲身体会,而是运用语言技巧对真人真事和亲身体会进行加工。

● 成功的人未必写日记,写日记的人一定不平凡。

● 喜欢动笔写作的人即使不是"思想家"也是个"思想者"。

● 写作可以凝神,可以静气,可以开智,可以怡心。

● 写作是锻炼大脑的"体操",收获的是"思想"的能力。

● 一个人的写作水平,不是取决于你练习写作过多少篇文章,而是取决于你研究模仿过大师的多少篇文章。

关于"玩"

● 人类在"玩"中开始思考,同时也是在"玩"中学会了思考。

● 人类是在"玩"中发现了探索真理的方法和途径。

● "玩"是一种"学乐交融"的状态。

关于坚持

● 激情退却之后,剩下的是坚持。坚持的另外两个名称是,毅力和习惯。

● 没有一劳永逸，但可以一次播种，长久地收获。

关于学习兴趣

● 兴趣是可以训练出来的。

● 做你喜欢的事没有用，必须喜欢你做的事。

● 真正的兴趣与动力不是存在于事情之内，而是隐藏于规则之中。

● 先喜欢然后去做，可以培养兴趣；先去做然后再喜欢，同样可以产生兴趣。

● "成就感"是跟自己的过去进行纵向比较后的满足感。

● "优越感"是用自己的长处跟别人的短处进行横向比较后的喜悦感。

● "挫折感"是用自己的短处与别人的长处比较后的失望感。

关于快乐

● 四处追求快乐的人都不快乐，因为找错了地点，快乐只在自己的心中。

● 快乐是自己或者别人"定义"出来的。

● 快乐是一种心态，而不是一种状态。

关于教学改革

● 未来的教育模式：教师引路，学生赶路，家长督促。

● 教育的最终成果：告知正确的方法；培养超级自信；给予一路坚持的理由。

● 素质，是指一个人发现问题和解决问题的能力，即把困难分解为具体可以解决的问题的能力。

● 每一个问题都是一个可以让你尽情发挥的机会。

● 什么是教育? 教者做给他看,育者导给他学。

● 教育的任务是改造人消极的本能。

关于学问

● 作为"学者",首先是自己在学习的人,而后才是值得别人学习的人。

● "学问"乃"学习"与"问道"者也。

● 所谓"做学问",是把别人或自己遇到问题,通过向书本和生活"学习"与"问道",从而"明道",进而"示道""传道""解惑"。

contents

中 篇 兴趣探源

下 篇 "影响教育"百花园

上 篇
决定孩子一生的
五项特质

　　家长作为孩子最早的启蒙教育者，作为孩子一生中影响最大的"影响者"，必须知道孩子出生之后，我们该给予他们什么以及该如何给予。这样才能使我们的孩子在未来的人生征途上走得更顺更好。

　　经过我们多年的观察、走访及研究，我们从各行各业的成功者身上提炼出五项最基本的卓越素质。教育者完全可以在孩子的早年时期，运用"影响教育"的基本理念，在正确的观念的指导下，运用督促、引导、分享、榜样等有效的方法，用习惯写入孩子的大脑主程序之中。

　　决定孩子一生的五项特质：
　　特质一　说心——良好的语言表达和人际沟通能力
　　特质二　读书——获取知识和提高个人修养的能力
　　特质三　写口——用文字表达思想的高级思维能力
　　特质四　会玩——对热爱的事情执著追求的能力
　　特质五　一路坚持——持久的动力与坚忍的毅力

　　这将是孩子在今后人生的奋斗中能获取优势的最有利的保证。
　　这将是家长在孩子的早年时期能给与孩子的最宝贵、最实用的财富。

口者，心之门户也。心者，神之主也。志意、喜欲、思虑、智谋，此皆由门户出入。故关之以捭阖，制之以出入。

——鬼谷子

特质一
说心——良好的语言表达和
人际沟通能力

所谓"说心"，是指用"口"说出"心中所想"。"心"（现代人称之为大脑），首先是自己这个个体的主人，伟大的"心"还能成为其他的"心"乃至万物的主人。不论是普通的"心"还是伟大的"心"，最早都是努力通过"口"向外界表达自己的。表达的好与坏、能力的高与低，直接影响着这颗心的能量。

无论哪行哪业的成功人士，首先要在"语言使用上成功"。语言学家讲，这个世界是由语言符号虚构而成的。你看到的听到的都是语言构成的，都是假象。人都是活在一个由语言构成的世界里。拿破仑说过一句话：什么是历史？只不过是一部被大家承认了的寓言故事（What's history? But a fable agreed upon.）。可见语言能力对于一个人，乃至对于人类的作用有多么巨大。

所以，在孩子的幼年时期，家长作为启蒙者一定要有所作为，对孩子实施最早也最重要的影响。

作为一

孩子开始学习说话时，给他们读故事，而不是讲故事

孩子良好的语言表达能力从孩子开始学习说话就可以加以训练了，下面我谈一点自己的感受。

女儿小时候特别喜欢听故事。睡觉前要听，吃饭时要听，出去散步时也要听。还好，她姥姥是个小学语文老师能找到故事。由于那时工作很忙，我和我太太两个人在北京，双方的老人都不在身边，孩子断奶后就一直跟姥姥了。到两岁多才回到我们身边。刚回到我们身边时，也没觉得什么，不就是爱听故事嘛，讲故事不就得了。我太太把她小时候的事讲给孩子听，再往后就是编故事，编了半年后，实在编不出了，最后对我说："我受不了你女儿了。整天让讲故事，哪有那么多故事讲，你给她讲吧。"我心说那还不好说。我到书店买了一套彩图版的《格林童话故事》，共 20 本。

刚开始的时候，我太太先自己看然后讲，后来干脆直接照本宣科。没想

到的是,正是这一做法产生了神奇的效果。我女儿总有一天会明白,正是她妈妈的这一做法对她的一生产生了巨大的影响。

以后我太太和我有了时间就是和孩子一起看书,给她读。她每次都听得特别认真。很多时候一个故事念好多遍。一段时间后神奇的效果出现了。

有一次,一个朋友去我家串门,看见女儿自己坐在沙发上看书,朋友过去问:"你在看什么书呀?给我念念,我看你认识几个字了。"我女儿拿起书开始读,读完一面,翻到另一面。朋友惊奇地大瞪着眼睛,因为他想不到三岁多的孩子居然能认识这么多的字。事实上,她并不认识几个字,只是能把整本书上的故事背下来而已。

我也感到特奇怪,惊奇地告诉我太太。她不屑一顾地看着我:"你终于知道你是多么地不关心孩子了吧。这些童话书里的故事,她都能看着书,一字不差地背下来。"

这个好习惯一直这么持续,直到她上学。

我们都没想到的是这一行动带来了意想不到的神奇效果。

一、自然而然地形成良好的语言表达能力

这一点对任何人来讲都是至关重要的,如何培养就成了关键。我听到许多对孩子教育有心得的人在谈到这一点时说, 孩子在小时候学说话时尽可能地不用类似"吃饭饭、喝水水"之类的话,而是直接用"吃饭、喝水"这样正规的表达。此外,给孩子讲故事时要用标准且有文采的语言。这样的方法说起来容易,而真正做起来呢,做家长的未必就能做到。而我们现在提倡给孩子读书,这样家长只需要认字,有耐心就可以轻松地达到目的。

孩子在三岁多的时候发生了一件事,让我至今记忆犹新。那时我们还住平房,院子里有一个水管,我去打水。我去时女儿在那儿洗手,没看见我,我也没在意就站在她身后,她回过头来突然看到我,吓了一跳,说:"爸,你吓着我了。我还以为是谁呢,原来是你。"一句"我还以为是谁呢,原来是你"在书

面和成人口中不足为怪,在一个三岁多的孩子嘴里就听着特新鲜。

在这一过程中,可能有些家长也为孩子的口音担心。其实这无所谓。孩子小时候听到学到的口音不是特别的纯正,不必担心,最重要的是语言能力的运用,发音只是语言中的一小部分,等他们长大后一上学就会纠正过来的。我们培养的是孩子运用语言思考的能力,人们不是用发音思考的。

二、自然而然地养成读书习惯

我们从来没有故意培养孩子读书的习惯,也从来没有敦促她去读书。从小她就爱读书。其实,很简单,每天和爸妈一起看书,尽管她看到的大都是图画不是字,但她的心里很清楚她爱听的故事就在那里,所以,只要有了时间就看书,如果爸妈不在身边她便自己看,回想大人在该书该页上反复讲过的故事。慢慢将之成诵。

三、自然而然地在做事时能够集中注意力,并养成积累资料记忆的习惯

孩子小时候心里单纯,没有杂念,当他们听故事时,能集中注意力。这种训练的持续自然能锻炼孩子集中注意力的能力。尤其是他们在重复听喜欢的故事时,不但他们的注意力集中,同样信息的重复使故事在大脑里沉淀析出,从而形成记忆。所以这些训练不需我们家长去精心设计,只须做就可以了。人类的祖先已经通过漫长的进化用本能的形式把这些写入了孩子的大脑程序,原装就有,聪明的家长只需把这些功能激发出来就够了。

我女儿上小学后,有一次我有事去她们学校,路过她们班教室,许多孩子听到脚步声都扭头向外张望,而女儿却丝毫不为所动,专注于老师讲课,老师因此还表扬了她。

四、对语言的超强的理解能力是副产品

前面形成的这些好习惯,使孩子能在上课听讲时高度集中注意力。而良

好的语言感知能力,对学习数学产生了巨大的帮助。有不少低年级家长都有这样的困惑:数学应用题孩子自己看不会做,但是只要家长读一遍把题意解释清楚就会做了,这其实就是孩子对语言的理解能力差造成的。而我女儿从未有过类似的困扰,这也就是源于从小养成的习惯。

如果不是亲眼看到,任谁也想不到"孩子父母带着孩子一起读书,有趣的故事反复读"的做法竟能产生这么神奇、深远的效果。

我在全国各地演讲时遇到过很多在这方面有体会的妈妈们,她们当中有不少人也是这么做的,结果也同样如此,当真是"教育所见略同"。另外值得一提的是,有很多妈妈此项工作开始的更早,胎教时就已经开始给孩子读故事了。关于这一点我坚信是正确的,孩子口头语言的训练一定是"越早越好"。正如我爱说的"腌咸菜"的比喻。学习语言就像"腌咸菜"。语言能力的强弱就如咸菜的咸度。没有足够时间的"浸腌",即使在纯盐里保存,咸菜的内部咸度也不会有多强,但一定是腌得越久咸度越强。

作为二
引导孩子讲故事

孩子小时候,除了长辈给孩子讲故事外,有另外一点尤其不容忽视,就是"让孩子给长辈讲故事"。刚开始时,可能孩子讲得不好,没关系,多鼓励,多表扬。在自己的同类面前表现(或称炫耀,英文里叫showing-off)是动物的共性,不仅限于人类。

在我童年里记忆最深的事情莫过于听故事和讲故事。记得那时,因为我出生在一个生活条件不是很好的家庭,每日里父亲和母亲辛劳不辍,早出晚归,每天早晨我醒来的第一件事情就是看父亲还在不在睡觉,如果发现还在睡觉,就爬过去把他折腾醒,缠着他讲故事。在我的记忆里,那时讲得最多的是《西游记》和《济公》里的故事。很多那时听的故事至今仍能说上来。听完了之后就去找邻居家的小朋友一起分享,那些小哥们特喜欢听我讲故事,所以我小时候特喜欢找个角落,和三五个哥们挤到一起,由我来唱主角讲故事。

为了给别人讲故事，到处找故事。那时是 70 年代，不像现在的孩子这么幸运，有人教识字，那时接触书少，就是有书也不认识几个字，来源主要是父亲及认识的长辈的口述，再有就是听收音机里评书连播。

听评书是 70 年代和 80 年代初，非常流行的一种文娱形式。当时刘兰芳讲的《岳飞传》、袁阔成的《三国演义》、单田芳的《隋唐演义》等等都是红极一时的节目。我们从中获取了很多的文学典故和历史故事。我非常喜欢这种学习方式，后来，我专门买了一张 DVD 碟片，里面按朝代的顺序收录了中国历朝历代的评书演义故事，让我女儿听，希望她能轻松地获取历史掌故，可是女儿听了一会儿，就不听了，说没意思，不如看电视，要么自己去读书。我才觉得社会真的进步了。学习的方式在升级呀。

当时听完之后，就去讲给别人听。有些时候自己记不清故事情节了，就部分地编故事，发现他们听不出来，胆子就大了，到后来由于父亲讲的故事毕竟有限，他们又爱听，于是开始编整个的故事。尽管编的故事前后矛盾，漏洞百出，他们还是乐此不疲。讲故事不但自己觉得有成就感，还经常成为我和别的小孩相处的工具，谁得罪我，我就不让他听我的故事。经常出现这样的事情：家长领着孩子找到我的家长，说我欺负他们家的孩子了，因为我不让他们家的孩子听故事。搞得我父母啼笑皆非地给我做工作，"你就让人家听听呗，多一个人听也累不坏你。"

我的所谓的口才，大概就是那个时候，以这样的方式练成的。后来教书时，不论是教小孩子，还是教大学生，我讲课特别受同学们的欢迎。这项能力乃至成了我终身受益和赖以生存的技能。

给别人讲故事的好处，我做了一下总结：

1. 一种词汇运用能力的训练方法。孩子小时候对语言的学习是一个模仿（imitation）的过程。这个过程是一个从易到难、从简到繁，即从"词"到"句"、从"句"到"段"的过程。孩子把听到的故事，运用听到的"关键词"串联起来，用故事情节的意境与情景把它们熔铸到一体。这不就是一篇"无字文章"吗？根据"我手写我口"的原则，所以，凡是擅长讲故事的孩子，一定可以成为一个写作的好手。

2. 一条父母与孩子沟通的管道。孩子给家长讲故事，还是懵懂的孩子向家长传递他们对这个他们刚刚结识的人文和社会的初始价值观的"显示屏"。家长可以通过给孩子选择所讲的故事实施"影响力"。孩子给别人讲故事时，最先听到的是自己，受到最大的教益自然也是自己。所以讲故事成了亲子沟通的管道。

3. 一种解释和理解能力的训练方法。把故事讲给别人，当然是把讲者对故事的理解解释给听者。这个语言的组织过程，是讲者以自己所掌握的所有语言技能把自己对所讲故事的认识与见解尽力展示的过程。

4. 一种说服能力和领袖气质的训练。一个善于讲故事的人，一定是一个善于引导别人思维的人，因为要想把一个故事讲得精彩，他一定不能只关注自己的感受，还要揣度听者的感受，从而牵引着听众的思维，最终引向故事的主旨，或引人深思，或令人啼笑，或传播教益。这不就是一个领袖对大众所做的事情——开口就能让公众为之倾倒，而后顺势导引，率大众施展宏图大略吗？

作为三
以子为师——让孩子成为
"主讲嘉宾"

郑州一位家长问:我的孩子,性格内向,不爱说话,尤其在人多的场合,那更是无所适从。我们也经常赏识鼓励他,但效果不明显。该怎么办呢?

家长学会做个好观众,经常引导孩子把他熟悉的事情讲给家长听,让他养成与人分享的习惯。

孩子不敢当众讲话,或不擅长讲话,不是性格问题,而是技术问题。

古希腊有个人叫德摩斯梯尼(Demosthenes),他性格内向,还有口吃结巴的毛病,而他的梦想却是成为演说家。刚开始他登台演说时,听众十分不满意,人人在台下喊:"轰他下台……"从那以后他就每天早上边跑步边呼喊。爬上了山顶,就把树木当听众,开始演讲。为了纠正口吃与发音不清楚,他常含着小石子练习讲话。口腔被磨破了,流出了血,可他还是不停地练。

为了获得完美的言辞与文采，他到处听有名演说家的演说，背诵那些人的演说词。终于这个性格内向、口吃的人成了古希腊最有名的政治演说家和律师之一。

还有许多讲起话来口若悬河的喜剧演员，如香港的周星驰、美国的金·凯瑞（Jim Carrey）、憨豆先生的塑造者罗文·艾金森（Rowan Atkinson）都是性格非常内向的人，无一不是健谈之人。为什么呢？

说话，尤其是当众讲话，是一项技能。我在很多场合说过，任何技能的习得，必须经过反复地训练。方法：简单的事情重复做，重复的事情用心做。想让他或她能当众说话，一定要给他或她练习的机会。"缺啥补啥，求啥得啥"。

对于这一点，我在培养孩子的过程中颇有心得。

女儿小时候喜欢听故事，除了给她讲故事之外，我还经常让她给我讲故事作为我给她讲故事的交换条件。在她给大人讲故事的过程中，锻炼了语言表达能力，逻辑思维能力。另外，听她讲故事的过程又是一个父母与孩子交流和建立同理心的过程。因为孩子觉得自己的话父母愿意听，还非常感兴趣，当然有了事情就愿意回到家里说出来，久而久之，就能让孩子养成畅所欲言、独立思考的习惯。切记：听他们讲故事时，家长一定要郑重其事地认真听，并作积极地回应以激发他或她的兴致。任何人在兴致勃勃的时候，都是完全释放自己的时候。

家长要创造各种条件来强化和推动孩子"好为人师"与"争强好胜"的特点。方法就是，一定要（让她或他真的觉得你）把他或她真的当成一个"老师"和"比自己强的人"。

大概"好为人师"与"争强好胜"是人与生俱来的两个特质。不管什么样的人，只要是发现自己的行为被别人承认和接纳，他或她都会表现出对自己这一行为的高度热情，帮助弱者是人的天性。孩子更是如此。我们在家经常是玩"老师"教"学生"的游戏——女儿永远是老师，爸爸永远是学生，并且还是个"笨学生"。

在孩子很小的时候，我们家的客厅经常挂一块白板，被改造成教室。孩子最喜欢玩的游戏就是，她做老师，我和姥姥、姥爷是学生(姥姥是班长)。然后，她把自己跟姥姥、妈妈学的汉语拼音和认识的字，学着她姥姥在学校的样子教大家。教得非常认真。并且，"学生们"听课时还必须认真，做好笔记，否则要受到她的"严厉地批评"。或许正是这种当老师的体会，使孩子到学校后会在课上更加地尊重老师的课堂劳动。

有一次我去她们学校办件事情，路经她们班的教室，出于好奇，想瞧瞧女儿听课时是什么样子，就偷偷地站到窗外观察了一会儿。刚开始时，没有人发现我，大伙儿的注意力都集中在讲台上老师的讲课上，女儿听课非常认真，突然她不经意地朝我这里瞟了一眼，看到了我。我冲她莞尔一笑，我以为她肯定也会向我有个表情的，因为我从来没有去听过她的课，然而她没有任何表情，迅速地又把视线移向了老师。这时，有别的同学发现了窗外有了人，很多学生的注意力都投向了我，甚至有的学生开始窃窃私语了。我注意到此时的女儿，依然端坐专注地望着老师。老师这时也发现了在外面站着的我。我赶紧识趣地走了。回到家里，女儿说，我走后，老师又开展了一次对那些注意力涣散的同学的批评，最后又一次感慨地呼吁，大家要向班长学习，听课一定要专注，要心无旁骛，不能被外界干扰。如果那位老师知道窗外把大家的注意力引走的是班长的爸爸，老师又会怎样地感慨呢？其实，老师的这些批评，正是在我们家的课堂上，"女儿老师"多次对我这个"笨爸爸学生"的批评，"女儿老师"也曾多次地要我向"姥姥班长"学习，听课时要认真听讲啊。己所不欲又怎会施与他人呢。

在上学前，玩这种师生游戏，还有个好处，就是让孩子提前适应和体验学校生活。为他或她上学做好准备工作。女儿没有上过学前班，直接上的一年级。上学的头三天也曾有过哭着闹着不想去的事情，但，三天后开始上学积极了。一问才知道：原来，老师在让同学们轮流到讲台上领读生字时发现她做得最好，课后还主动帮助没有学会的学生，于是把她提拔成了班长，这班长一当就是六年,后来还当上了中队长。

给孩子解决学习中的问题也要用同样的方法。

女儿在小学四年级前,学习中遇到问题时,一般不会先问我,而是先问她妈妈,因为妈妈在女儿的心目中是智慧的化身,而爸爸恰恰是愚笨的代名词,爸爸面前永远有一个她可以展示自己、获得成就感的舞台。每次问我问题时,我都是非常认真地仔细"研读与思考",然后一筹莫展,要么干脆说出个错误的答案。结果是,她有了问题,总是先去问妈妈,然后来考我。看到我的"郁郁无果"哈哈大笑,最后通过她的讲解与分析,把正确的答案讲给我。每次我都是把自己"不明白的地方"认真询问。每次都是以我恍然大悟,大叹她的聪明而结束。所以,女儿在家里最愿意做的事情就是帮助我这个"后进生"。不管在哪里获得了新鲜的知识或趣闻,哪怕是妈妈刚刚在餐桌上解开的一个谜语,她都要考爸爸一次,然后向一脸懵懂的爸爸解释一番,不过每次都会鼓励爸爸以后要做个有心人,不可以别人刚说过就忘掉(我在我的教育方法中反复强调一点:当一个人把自己掌握的知识能给别人讲明白时,他对该知识点的认知程度会几倍于普通认知。即:教是最好的学)。

记得女儿9岁时的一个周末的上午,我在备课时,需要引用培根的《论学习》的那段:"读书足以怡情,足以傅彩,足以长才。其怡情也,最见丁独处幽居之时;其傅彩也,最见于高谈阔论之中;其长才也,最见于处世判事之际。"在课堂上我不想念给学生听,于是大声读出来背诵:"Studies serve for delight, for ornaments, and for ability. Their chief use for delight, is in private and retiring; for ornaments, is in discourse; and for ability, is in the judgment, and disposition of business."她听到我说话走过来问我在做什么。我说:"我在背英语,太难背了。"她听完煞有介事地感慨道:"哎呀,我的笨爸爸呀,你说你怎么就不知道想想办法呢?"我听完觉得很有意思,连忙问:"宝贝女儿,快给老爸支个招。"她说:"你该先把每个英语句子背过。每句话很短当然容易记住了。再把汉语意思背过。背这么几句汉语你该不会也背不过吧?"我回

答说:"能。"她接着说:"这不就完了吗,用汉语意思把英语句子串起来,不就背下来了吗?试一试怎么样?"我又问:"你怎么知道的?这样做能行吗?"她一本正经地说:"当然行了,我平时就是这么背英语课文的。照我说的做就行了。老师会骗你吗?"尽管我的心里在想:乖女儿,背英语就够了,哪有你那么费事,但还是急忙对老师表示"衷心地感谢"。这份助人为乐的心肠和遇事总结方法的行为怎能不让我开心呢。

终于有一天,她拿着学习中的题来问我时,我依然像以前那样思前想后做不出来时,她说:"爸爸,你告诉我吧,妈妈今天没有时间。我知道你会。"我反问道:"谁说我会?"她回答:"我们老师说,你是老师的老师,怎么能不会呢?"我一看这"大智若愚"的做法不灵了,自己也觉得该好好帮她了。于是开始认真看题。过了一会儿,我脸红地告诉她:"女儿,这题爸爸真的不太会,咱俩一起研究吧。"她现在做的是小学五年级的数学奥赛题。我心里特别生气的是,现在的考试太变态了,居然是一道相当复杂的排列组合题,这是高中一年级的作业题。我是学文科的,这么多年一直在英语里泡着了,有些公式不太熟悉了,当然做起来有些吃力。还好,有多年做老师的经验,在我们两个的互相提示下,还是把题弄了出来。我也由衷地体会到了当前孩子的不易啊。

让孩子作为"主讲嘉宾"——让他们把在学校里学习的东西讲给家长(或家教),还可以成为家长辅导孩子功课和检验孩子在校成果的方法。这样做还能最大程度地调动孩子学习的主动性。我在这里给读者分享一个案例:

大家都知道《围城》的作者国学大师钱钟书先生。学术圈外的人只知道"围城"——用以形容圈子里人对现状不满总想走出去,而圈子外的人对里面的事情不了解,拼命想挤进去,这么一个状态——却少有人知道钱先生的生平轶事。学术圈内,先生是个百年不遇的奇才,极具传奇色彩,圈外人士少有人知。我的博士生导师是先生的最后一个学生,他负责整理先生的生平,所以钱先生的事情就知道得比较多。听老师说钱先生是 1933 年清华大学外文系毕业的。当年先生进清华大学时总分排名第 51 名。更有意思的是，曾传言先生的数学是 0 分，英语和国文都是满分。后来经过求证，数学是 15 分。按道理说这是不可能被录取的，但由于钱先生的父亲钱基博老先生跟当时的清华大学外国语学院的院长、非常有名的学者吴宓先生友善，吴老先生深知小钱先生幼时素有"江南第一才子"的美名，在吴先生的斡旋下，先生最后是被清华大学破格录取。终究没有使这位中国学术界奇葩遭受命运的捉弄。

我的博士生导师是哈佛大学的比较文学博士，当今中国的知名学者。社会科学的学者也有头痛的事情。女儿赵心怡要上初中二年级了，不喜欢学习数学。后来把给孩子补习数学的任务交给了我。我的这位小师妹博览群书，小学毕业前就已经读完了四大名著、朱生豪译莎士比亚的散文版戏剧中的大多数，还有许多的中西名著，非常有思想，我们都称她"小才女"。有思想的才女比一般的孩子更为难管。

老师把我介绍给她，走后，她调皮地问我："师兄，你是我爸派来的第 17 位说客。他们都失败了，你有信心吗？"

我说："师妹，你那么聪明，初中的数学也不难，你怎么会学得不好呢？"

"我数学不好，不是因为我不聪明，而是因为我对数学没有兴趣。兴趣是最好的老师嘛。"她振振有词地回答。

"你不能光说兴趣呀。你初中毕业要上高中，考大学，你数学不好，升学怎么办？"

她接下来的话更让我无话可说。

"我不认为数学不好会成为一个人未来日子的'绊脚石'，钱先生不就是个例子吗？"

我一看，既然说不服她就不跟她争论了，就说："好了，我辩不过你。但，老师让我给你补课，我必须做，否则他不让我毕业。希望师妹不要难为我。这样吧，我给你补一段时间之后，你就说我补得不好，把我辞了不就行了嘛，反正我也不是第一个失败的。前面不是已经有了 16 位"先烈"了吗？"

她眨了眨眼说："好吧。"

于是，她把代数课本往我面前一丢，说："你就看着补吧。补哪儿随你的便。"

我说："你把你最近学到的章节给我讲一下吧？"

她反问道："我给你讲吗？"

我说："对呀，你不给我讲我怎么知道你学到哪里学得怎样啊？咱就将就一段时间吧。"

于是她开始磕磕巴巴地讲，我让她只讲会的，不懂的地方跳过去。讲完一节后，我把不会的给她说说就回去了。

第二次见面时，我还让她给我讲，因为我的事情挺多没有时间看她的书，就等着过几次之后她就可以把我辞了。

之后再去时，事情就轻松了。每次她给我讲完，我把她不会的地方给她一解释就结束。

过了几次后补课就更轻松了，我去后，她把学过的内容一讲，都懂了，我也就不用讲了。记得，有一次，老师问我："你们两个在屋里嘀咕什么？"我回答："给她补数学啊。"他说："怎么一晚上光听见她讲话，听不见你讲话？"我笑着解释我是在检查她的学习情况。

一段时间后，小师妹告诉我，她最近一次的数学测验居然得了 75 分(以前总是考三四十分，还经常不交试卷)。终于小师妹对数学有了兴趣。后来的数学成绩好了起来。

小师妹冰雪聪明，早就看透了我的做法，跟我说："师兄，你高，你比前面的人都高。你让我给你讲，我就得好好听课。好多时候，我没有听明白，到处问人回来给你讲，生怕你听不懂。"

我笑得前仰后合。

学生都自己主动学习了，老师就不用讲了。著名教育家叶圣陶先生说过一句话："教是为了不教"。很多时候，家长或家教总喜欢给孩子讲，讲完之后,孩子说听明白了,实际上连自己都不知道是否真的明白了。

让孩子做"主讲嘉宾",就能变孩子的被动学习为主动学习;更重要的是,听者能从讲者的话中知道他对所学知识的掌握情况,从而可以针对其问题加以辅导。

知识刚进头脑时,只是认知,这一阶段往往是模糊的,但如果让他把理解的内容说一遍,模糊的东西就变得的清晰了,否则就表现为说不出或说不清。

多年来在人们的心目中形成了固有的观念:教者的任务就是"教"——老师要尽可能多讲内容,而对学生是否能最多的吸收有所忽略。老师讲得越多,给学生留下主动思考的余地相对越小。近年来不少家长和老师抱怨现在的学生越来越懒于动脑筋了。其实不然,真正的原因应该是现在的家长和教育工作者替他们做的越来越多造成的。逃避艰苦的思索是人的本能。世界没有任何一所学校开设专业教人好吃懒做,因为这不用教,这是本能。教育的任务就是让人不能好吃懒做,必须积极主动地多动脑筋等等。所以,教育的实质是改造人消极的本能。

这一方法已经有很多的人应用过了,效果非常好。

郑州的王彩虹女士在教育上小学二年级的女儿的时候遇到过困惑。在训练营中掌握了"让孩子做'主讲嘉宾'"和"聆听的艺术"之后,开始辅导女儿。取得了突出的效果。王女士没有让女儿天天给自己讲述在学校里学习的内容,但经常不定期的抽查。有一次,王女士问女儿现在听课的情况时,女儿回答:"我现在当然要认真听课了,否则让你抽查到多难为情啊。"

小结:我们应直面孩子任何方面的能力欠缺,找出可操作的方法,为他们打开练习的大门,引导他们朝着健康、阳光的方向发展。

作为四
把学到的东西分享给大家
——演讲，即练就"口的艺术"，
做一个"口本家"

前面我们做的一切，是培养孩子演讲能力与技术的基础。

不论"演说"还是"演讲"，首先要有内容，即"言之有物"。通过平时孩子做"主讲嘉宾"的经历，孩子知道了平时最喜欢说的话题，最重要的是通过那些练习找出了自己平时说话中常用的语言表达方式（常用的词汇与句式），从而使孩子具有语言的组织能力。

除了"内容"，就是演说或演讲中的"演"字了。比如：如何恰到好处地使用肢体语言把演讲的内容更好地传达给听众；如何抓住听众的注意力；如何通过幽默的方式打破听众的沉默；如何运用具有穿透力的语言将听众的情绪带到 high 的境地等等。这些就比较专业了，我们在"少年作家训练营"中做专业的训练，此处不作赘述。

演说、演讲能力对人的一生有着极其重要的意义。

演讲不仅是一种表达思想、与他人沟通的有用工具,同时也是一种思维的训练。胡适在自传中举了一个例子:

"所有中国学生大致都知道或多或少有关儒教的教义,但是他们对儒教的了解多半流于空泛、少组织、无系统。假若一个中国学生被请去做十分或二十分钟有关儒教的讲演,只有在这种场合,他才被迫对这题目打个草稿,并从事思考如何去表达自己。他先要想从何说起,想出他自己的意思,他对这题目的认识和印象,然后再加以合乎逻辑的组织,好使听众了解。这样一来,他也可帮助他自己对这一题目做前所未有的更深入的思考,他将来对这一题目做更广泛的研究,也就以此为出发点。"

胡适的意思是,演讲会迫使你对思维进行整理,从而对相关问题有更深的认识。用现代语言说,就是为了演讲,你必须去将一条条内容列出来,从而使杂乱的思想可以变得系统化。不要小看了"系统化"三个字,大到复杂的科学理论,小到个人清晰的头脑,都是从整理思想开始的。

胡适用一句话概括了演讲的好处,我非常同意:

"我发现公开讲演时常强迫我对一个讲题做有系统的和合乎逻辑的构想,然后再做有系统的又合乎逻辑和文化气味的陈述。"

实际上,这句话也说明了成功的演讲应该具备的要素。

我们这里的"演说"或"演讲",或者称之为"口的艺术",不只是指站在台上,面对很多人说话,而是广义演讲的含义:生活中无时无刻地说话也是演讲。有人说成功85%靠人际关系,15%靠技术知识。大凡生活中成功的人士,例如政界领袖、商业成功人士、杰出的领导等都善于与人沟通,与政府部门的协调,与客户关系的处理,与行业协会、周围关系的处理,与同事下属的相处,解决别人不能办到的事情等,这都需要沟通。所以演讲至关重要,它是出人头地的捷径。学好它,将得到鲜花和掌声;它能提高个人魅力和领导力;它能为自己赢来财富;它可以为自己化解危机;它能倍增时间,缩短成功的距离;它能帮自己缔造良好的人缘、姻缘、友缘;它是个人事业的基石;它是自身智慧的一颗钻石,它是一生只修一次的课程;它能提高个人潜力,它能提高自信……

在今天这个社会,"口"的艺术不单是领袖的必备素质,也是普通人想在这个竞争白热化的社会获得一份优越的位置不可或缺的一项基本素质。

"口"的艺术,对于未来社会的每一份子都有着不同寻常的意义和价值,不仅是生存还是谋求发展的资本。有思想的人可以把自己的思想说给别人,用"口"去影响别人;没有思想但拥有"口"的艺术的人可以做个媒体,用自己的"口"去传播别人的思想,同样也可以开创一番事业。

未来社会是"口本家"的时代。

读书足以怡情，足以傅彩，足以长才。

——培根

特质二
读书——获取知识和
提高个人修养的能力

"书犹药也，善读者可以医愚。"（汉代刘向语）

"书籍是全世界的营养品。"（莎士比亚语）

"学习为保健性的理解力。"（一瑞士人口学者语）。

读书是很好的学习，同时也是很好的学习方法。

总之，读好书不仅是有效的求知途径，而且还有益于身心健康，这就如高尔基所说的"读书愈多，精神就愈健壮而勇敢"。

读书的兴趣培养得越早受益越大。孩子的年龄越小，读书的兴趣越容易培养。在孩子幼年时期，我们的确需要对培养读书的兴趣给予足够的关注。

由家长教孩子的时代终于该结束了，而用"有思想的人"的书去"影响"他们的时代来临了。

关注一
千万不要把母语当外语学习，
注重语言的组织和运用能力

首先，走出"误区"。

学龄前及小学低年级的家长在进行家庭教育时常出现几个误区：

第一个误区：重识字

在孩子的学龄前教育中，有很多的家长，尤其是一些"高素质"的家长，让孩子大量识字。甚至有许多的幼儿园以"识字班"来作为商业炒作的噱头。他们声称可以让孩子在上学前学会五六千字。甚至让他们的培养成果去展示：不少的四五岁的小朋友，能够拿着大张的报纸读得书声琅琅。让很多家长艳羡不已。于是那些识字班成了众多家长追逐的热点。岂不知，把孩子给害了。

在台下采访那些"神童"时才发现，绝大多数的孩子根本就不知道自己念的内容是什么,他们只是运用老师教的识字的"法门""读字"而非读书。学过这些技术的孩子,上了小学之后,在二三年级前,他们确有识字的优势,四年级之后,优势消失,相反倒成了劣势。因为读书对他们来讲,没有了任何感觉,从而对读书失去了兴趣。

第二个误区:背古诗,学古文

有很多"很用心"的家长,非常重视孩子的教育,培养了很多的"小天才"。他们能背诵几百首的古诗词。更有甚者,出现了一些"经典诵读班"。这些班的开创者是台湾台南大学的王财贵教授。

我们不是不要传统的"国粹",而是主张知道什么是主什么是次。太小时候古诗文的背诵主要是锻炼了孩子的机械记忆能力,跟背圆周率小数点后的一千位一样的没有用处。而应该让孩子多说、多读"白话文"。

鲁迅、胡适、陈独秀都是语言大师,都是文言文大家,自小读古诗文长大的,以他们的智慧和见地,既然这么"反对文言文,提倡白话文",在那个时代,自是有道理。

实际上,无论在语法方面,在书写方面,还是在读音方面,世界语言的趋势是越来越简单。语言的功能不是"文字秀",而是表达思想,快速传播思想。从英国的阿尔弗雷德大帝推广《圣经》,德国的马丁路德翻译《圣经》,到中国五四运动时期的"新文化运动",都是把文化全都还给大众,让语言更加的简单。

语言简化的趋势,依然继续着。语言正向"直接口语化"迈进。现在因为电脑的普及化,语言已从写字向打字过渡。随着语音录入技术的发展,未来的趋势是只要对着麦克说话,电脑里就出文章,真正的成了"出口成章"。这一天的到来将不会超过 10 年。有许多的语言学家惊呼这是"倒退",不管是倒退还是进步,这的的确确是趋势,是潮流。站在整个世界的洪流面前,我们所做的是顺势而为,绝不是逆流而作。毫无疑问,我们的经史子集是人间瑰

宝。既然是宝，等到需要的时候，自然人们会回来寻找。一定是"需要的时候"，否则，宝之不宝。珍珠金银固然是宝，但对于不知钱财有何用处的孩童而言，也只能是徒增几件玩具而已；对于沙漠中遭受饥渴煎熬，正在艰难地找寻可以让自己延续生命的水和食物的跋涉者而言，那是累赘；婴儿从断奶到进食，吃的是蔬菜汁和稀粥，而非人参燕窝等大补食品。人只有在衣食无忧时，才会上升到精神层面的追求；需要是探索的动力源泉。

中国历史上有不少文豪，是二三十岁后才开始进入高深的国学领域，开始钻研经史子集，也成了一代大师。比如国学大师林语堂先生（王财贵教授是这么说林语堂老先生的——"鲁迅、老舍，读古书长大的。林语堂、梁实秋，读古书长大的。什么叫白话文？不好好思考这点，万世不得超生！"）。下面是林语堂先生的女儿林太乙女士，给林老先生的名作《京华烟云》的序中的一段话：

"……父亲出生于 1895 年，在林家六兄弟中排行第五，他的父亲林至诚是一名长老会牧师。自学成才的林牧师把自己一切新知的热爱传给了孩子们，并决定让儿子们学习英语接受西式教育。靠着一笔借款和兄长的资助，林语堂进入了上海的圣约翰大学。林语堂把学习的重点放在英语上，同时也涉足了神学，因为他希望像父亲那样成为一名牧师。但是，在自然科学方面的广泛涉猎使林语堂对基督教的教义产生了怀疑，他因此把专业改成了哲学。

1916 年，林语堂从圣约翰大学毕业，并接受了北京清华学校的教职。这里有着浓厚的中国历史氛围，他由此认识到所受基督教教育的范围实在太过有限。他知道约书亚以号角吹倒耶利哥城的故事，却不知道孟姜女哭倒长城而寻获丈夫尸骨等的民间故事。语堂决心弥补自己在这方面的缺陷，于是开始流连书肆。他羞于跟他人打听哪些是必读的重要典籍，只好向书肆店员请教这些问题(作者注:从 1895 年至 1916 年,此时的林先生已经21 岁了)。"

……

(出自英文版《京华烟云》外研社 2005 年 5 月第一版)

再举一例:

晚清狂儒,拥有 13 个博士学位,精通九门语言,曾任北大教授的国学大师辜鸿铭。

……

辜鸿铭进文襄幕府之初,汉文水平还很低,张之洞得暇便亲自教他,"读《论语》,查字典",他用那个时代许多人学习西方语言的方法——读字典——来学中文。他把《康熙字典》作为初入中文的课本来读,从前到后一字一字地啃,因此,他认识的汉字比一般的人还要多。他凭着对语言文字的特别禀赋,努力自修,学问大进。同时刻苦钻研儒家经典,但有一件事,对他有很大刺激,促使他发愤读中国典籍 20 年。据他自述,他入文襄幕府之初,恰逢张之洞寿辰,许多名流前来祝寿,大儒沈曾植也来了。张之洞对辜鸿铭说:"沈公是当代泰山北斗,名儒大儒,他的聪明学力无人能及。"要辜鸿铭向沈曾植学习。沈曾植确实是清末学识最渊博之人,他精通佛道律令、金石书画、宋辽金史、西北舆地和南洋贸迁,王国维对他也顶礼膜拜,被公认为同光间的"硕学通儒"。张之洞介绍辜鸿铭与沈曾植见面后,辜鸿铭便向沈曾植高谈阔论西学西法,但很久沈曾植却一言不发。辜问沈为何不说话,沈曾植十分严肃地说:"你说的话我都懂;你要懂我的话,还须读 20 年中国书。"这件事对辜鸿铭的刺激非常大,他立志从此读 20 年中国书,自此,他"穷四书、五经之奥,兼涉群籍"。经过 20 年刻苦学习,他对中国文化终于融会贯通了。

恰好 20 年后,沈曾植又来为张之洞祝寿,辜鸿铭听他大驾光临,便令差役将张制军藏书往前厅搬。随后，便进入大厅，向沈曾植问好。沈曾植问辜鸿铭："搬书做什么？"辜鸿铭回答说："请教老前辈，哪一部书老前辈能背，我不能背；老前辈懂，我不懂？"沈曾植语重心长地对他说："我知道你能背能懂。我老了，快离开这个舞台了，你正走上这个舞台。今后中国文化这个重担子，要挑在你的肩上。他人通中学不通西学；通西学不通中学。皆非其选也。"可见沈曾植对他期许之高。

在这20年中，他是如何吸收中国文化的呢？当初的情形极为尴尬。中国传统的儒生很瞧不起他这个西装革履习夷学的"假洋鬼子"。他说："时欲从乡党士人求通经史而不得，士人不与之游，谓其习夷学也。先生始乃独自奋志，讽诵诗书百家之言，虽不能尽解，亦得观其大略，数年间于道亦无所不见。"张之洞周围的学者如朱一新、梁鼎芬、沈曾植对他学习中国文化有深刻影响。

……

（出自《一代狂儒辜鸿铭》）

不难从中看出，二位杰出的大师都是"半路出家"。其实，能不能成为大师跟他是早年还是青年接触国学的精髓思想没有关系，而在于是否在他需要的时候回去主动地学习。

文言文和白话文是不同历史时期的两种文字，是不同时代的人表达思想的工具。思想是不受语言限制的。语言为思想服务，思想不是语言的奴隶。伟大的思想不会因为用不同的方式表达而不同。爱因斯坦的"相对论"，是用英文表达出来，不会英文的其他国家的科学家一样可以通过翻译理解接受；孔圣人的思想用古汉语写作，不懂古汉语的联合国教科文组织的专家同样把她评为影响人类的最伟大的思想之一。

同理，伟大的思想当然也不会因为语言变得简单而失去其伟大之处。《圣经》不就是个最好的例子吗？最早用希伯来文写成，后来被翻译成古希腊语拉丁语。在宗教改革中被广泛译成许多国家自己的语言。英文版的《圣经》每隔几年就会修订一次，目的也不外乎使其能更容易、更广泛地流传。

第三个误区：片面夸大电视的学习功能

不少的家长以为电视具有教育和学习的功能，所以在孩子的小时候和孩子一起看电视，等他们长大后，又把他们扔给电视。等孩子慢慢长大后，开始着迷于电视，家长才着急，可已经管不住，特别是放假，家长上班，孩子一人在家，能管住自己不看电视的孩子已经是寥寥无几了。大多数家长认为孩子看电视多了，一是损害眼睛，二是影响学习，其实，电视对孩子的伤害远远不止这些。

（一）爱看电视的孩子身体发育异常

一些本来活泼好动的孩子，一旦迷上电视能 1~2 个小时地不离电视，不要说对眼睛，对身体的伤害也是很大的。不好动影响孩子的消化能力，使孩子厌食，对孩子的生长发育不利，对那些消化能力本来就强的孩子，吃饱了，坐着不动看电视，久而久之身体不断长胖。据报导：研究人员经过近 3 年的时间，跟踪观察了 33 例肥胖症的儿童，发现除了 10% 的肥胖儿是疾病引起的，10% 属家庭遗传，剩下的 80% 绝大多数肥胖儿属单纯性肥胖，所有的肥胖儿都有一个最大的特点就是爱看电视。

（二）爱看电视的孩子不爱读书

电视对孩子的诱惑力，是因为电视鲜艳的色彩，不断变化着的画面、音乐、解说，不间断地刺激孩子的眼、耳，兴奋着孩子的大脑，也就是变着花样的吸引孩子的所有注意力，所以爱看电视的孩子，书对他们就失去了吸引力，单调的画面、枯燥的文字，怎能与电视相比，长期下去，孩子对书就失去了兴趣。而电视传播的许多信息，则是片断的、浮光掠影的和跳跃式的，孩子们从中只能得到一些零碎的很不完整、很不系统的知识。

孩子们的任何学习过程，都伴随着一个思维过程，而看电视却没有给他们留下思维的时间、空间，电视播放的所有内容都通过音像一览无余，长此

下去,孩子们的自我想象、自我创造、自我发挥的能力必然会受到影响,也就是说电视影响了孩子的思维方式,而爱电视不爱书最终引起的是孩子对学习不感兴趣,学校教育毕竟是书本教育,爱书、读书是一个孩子能否成才的根本。有一名教育专家曾说:"三十年的教学经验使我深信,学生的智力发展取决于良好的阅读。"而阅读能力、兴趣和习惯的养成,像获得其它任何能力一样,是需要早期打下基础的,不然或是事倍功半,或是劳而无功。所以孩子因迷上电视造成对读书的不感兴趣,是在孩子最初成长的几年里形成的,家长尽量做到不让婴幼儿看电视,而尽早的让书成为孩子的朋友,是关系到孩子学习的兴趣与学习习惯养成的关键。

(三)爱看电视的孩子兴趣单调

电视对孩子的吸引力使得孩子长时间坐在电视跟前,外界各种事物难以引起孩子的兴趣,这类孩子的家长常有一个共同的感觉,带孩子去学画画、弹琴、下棋、锻炼身体,孩子的兴趣都不高,往往是家长没少花钱带孩子上各种的兴趣班,可孩子总是不感兴趣,学不下去,或不能长期坚持,半途而废。学习的过程是一个艰苦的过程,电视却是消遣和娱乐,长时间看电视,使得孩子处在一种松散的状态下,自然会对一些需要付出一定脑力和体力才能获得的知识和技能产生排斥,所以这类孩子的生活单调,没有朝气。

(四)爱看电视的孩子社会交往能力差

由于大量的时间被电视占据,孩子与家人的交往以及与外界交往的机会减少,长时间的独处,整日与电视为伴,孩子的心理发育发生障碍,时常模仿电视中人物的动作和语言,似乎自己就是剧中人,这种孩子不看电视就会焦躁不安,看电视时讨厌别人打扰。由于儿童的思维能力差,自我控制弱,性格和行为可塑性大,而儿童的模仿性又强,对形形色色的电视信息大多是囫囵吞枣,影响了思维、性格和行为的正常发展,对儿童心理发育会起到负面效应,不断报导的儿童抑郁症、儿童的离家出走、儿童自杀等都与此有关。

(五)爱看电视的孩子难教育

爱看电视的孩子是不加"过滤"地看电视,而很多的电视节目属于"儿童不宜"范围的,在孩子成长的过程中,过多过早的接触到孩子不应接触的各种不良信息,将会给家长和学校的正面教育带来难度,影响孩子做人的原则,严重的还会造成孩子以后走上犯罪的道路。

所以家长不要小看电视对孩子的影响,俗话说:"三岁看大,七岁看老",一旦孩子迷上电视,娱乐、消遣成为孩子生活的中心,轻者我们家长是培养一个"花花公子",什么都不会干的多余人,重者将会给家庭和社会带来危害。着迷电视对孩子来说并不只是单纯的爱好问题,他直接造成孩子不爱读书、厌学,以及对孩子整个人生的生活态度造成影响,生活的主要内容到底是创造进取还是娱乐、消遣、吃喝玩乐,这条路是不能让孩子走歪的。

有人说电视能让孩子学到不少东西。但是,电视是一种精神毒品。为了让人们喜欢,他们无所不用其极。其实孩子在看电视中失去的东西,远比得到的东西多。60年代的"电视瘾",当今年代的"网瘾"。都是媒体商业化的结果。电视节目制作商的任务与教育的任务是背道而驰的。教育是让人克服人性的弱点,理性地提升;而电视、电脑是顺应人性的弱点,感性地堕落。

人在不同的时期的任务不同,电视的功能也有所区别,即节目要有选择。青少年的选择能力差,因此每一位家长为了孩子的前途,对5岁以内的婴幼儿尽量不看或少看电视,而对眼睛发育成熟的儿童,家长对孩子看电视实行"宏观调控",设法引导孩子常看思想性、知识性、科学性、趣味性较强的节目,如动画片、儿童节目、《动物世界》、《神秘的自然》、《走近科学》、《Discovery》等,既有利于开阔儿童的视野,又能进行思想品德教育。

别指望孩子在看电视时会自我约束,父母应以身作则,给孩子树立一个好榜样,业余时间尽量少地看电视,而去陪孩子读书、锻炼、郊游、会友,给孩子的成长创造一个好的家庭环境。

然后，导入正途

在这种语言的简单化和口语化的趋势下，在孩子小时候，家长对孩子语言的培养一定侧重"语言的组织运用能力"和"知识的获取和吸收能力"。前者是孩子对听到的词汇和语句的运用能力——听故事和讲故事的训练；后者是孩子对知识的检索和处理能力——阅读（读书）的培养。

具体的方法：教会拼音，引导读书（拼音读本）。

还是以我女儿为例：

女儿没有上过学前班，直接就上的一年级，在上学前，没有太多地教她识字。但这非但没有成为她读书的障碍，反而使她有了更多的时间去读书，还让她对读书有了一种酷爱。这得益于我前面讲过的给孩子读故事而不是讲故事。

因为孩子所听到的每一个故事都来自书，自然而然地，孩子想听故事时，第一件事情是去找书。书于是成了她的最爱。诀窍就是：教拼音。

拼音字母就那么几个，相对于汉字的学习来讲，拼音的学习要简单得多了。当孩子学会拼音以后，我开始大量往家里买带拼音的儿童读物。原来，她总是缠着家长给她读故事，渐渐地，大人没有时间读完的故事，她就自己去读。很多故事，大人讲上几遍她就能一字不差地复述下来了。很多时候都能看到她独自捧着一本书在那里读得津津有味、神采飞扬，尽情地享受着读书的快乐。

我太太早晨爱睡懒觉，睡觉时谁都不能打扰，否则她会大发雷霆。于是出现了有趣的事情。早晨，我起来在书房看书写东西，女儿醒来后悄悄起床，到客厅拿出有拼音的故事书自己读，还读唐诗宋词，尽管她自己不知道读的是什么还是像模像样地读，自得其乐。

上学后，看书更成了她的嗜好。每天晚上睡觉前梳洗完毕后的事情就是拿起床头的书看。有时候是她的教材，更多时候是《读者》《小故事》《小学生作文》等等。她在小学一年级结束的暑假里发生了一件事让我非常震撼。

我和太太都是老师，为了生活更宽裕一些，假期里也常出去上课。很多时候，回家比较晚。每次晚回后总看见她在看电视。我决定跟她谈一次话，问道："女儿啊，你怎么可以这么过暑假呢？爸妈出去上班，你自己在家不能总是玩啊。如果你能把学校的新书预习一下，等开学后，你会感觉很轻松的。"她白了我一眼，到屋里取出了下学期的语文课本递给我，说："你说背哪一篇？"我将信将疑地看了她一眼，选了两篇文章，她真的背了下来。真的她已经能把第二学期的语文课本的课文都背过了。我无言以对。

读自己喜欢的书和读自己能读懂的书本来就是件快乐的事情。

必须走出让孩子过早读纯文字的书的"误区"，把识字当读书。

有很多的家长，在孩子小时候就让孩子从报纸和满是汉字的书籍中学习语言。对孩子来讲，先不说是不是痛苦，至少不会"快乐"。"语言测试学"中讲："生词量超过5%的文章一般是不可读的"。语言能力测试时中等难度试题的生词量是3%。试想让一个孩子去读一本有大量生词的书是一件多么糟糕的事情。如果不时地被讨厌的生词生字打断，必如刚刚进入睡眠的人被叫醒一样地陡升懊恼，必如经常被"便秘"困扰的人般烦躁不安。

阅读的快乐不在于认识了几个生字，而是在于能与作者一同天马行空、畅通无阻的遨游意境，在于与作者进行心有灵犀、酣畅淋漓地交流共鸣。拼音的帮助将会使孩子与书籍的沟通变成巨大的身心愉悦。

当我把"教会拼音，引导读书"的做法分享给众多的听众时，有很多家长产生了共鸣。有的兴奋地告诉我，他们也是这样做的，取得了同样的效果，这让我非常振奋，这是一条规律而非特例。很多家长也回去做了，收效也非常大。

去年，在与郑州炮兵指挥学院幼儿园的园长薛平女士交流时，她听后非常兴奋，很愿意把自己的幼儿园当做一份试验田，把这一方法发扬光大。现在已开始在自己的学校推行，并把"幼儿读书班"作为了该园的一个特色和理念推出。在这里也祝福她能把该园办得更加成功。

关注二
少儿时期，引导孩子对古典名著进行学习时，要首重故事情节，次重名著语言

孩子在小时候应该对中外的古典名著有些涉猎。关键是如何引导和对名著的认识。

首先，名著对一门语言的最大贡献是，丰富了该语言的文化。因此，名著的伟大之处不只在于名著的语言，更重要的是脍炙人口的故事情节。

家长引导孩子对名著产生兴趣的方法中，我最偏爱"分享"。当你想让孩子读一本好书，或看一部好的电影时，最差的做法是，把书或影碟堆到孩子身边，然后一脸中肯地劝说，甚至强迫。我的做法是，先把书放到孩子能看到的地方，孩子在的时候当着他或她的面自己读书，然后，尽量显现你在读书时的兴奋和欣喜。等孩子感兴趣时，就告诉他们故事情节多么的有趣，还可以把当中有趣的章节段落跟他或她一起分享，来感染他们。记住：千万不要强迫他们去看。如果你想让他们去读，你把故事的精彩之处讲给他们听，讲

一段后，一定不要忘掉说："书里写得更精彩。好多地方我记不起了。太有意思了。"

我为了让女儿读莎士比亚的《威尼斯商人》，那一段时间几乎天天兴奋地给她讲，里面的夏洛克总能把不讲道理的话说得让人无可辩驳，把威尼斯的大法官们为难得张口结舌；里面贫穷的巴塞尼奥多么机智的把美丽的富家女鲍西娅娶到家；后来鲍西娅又怎样地女扮男装在法庭上请君入瓮制服了诡计多端的夏洛克等等。最后女儿多次主动催着我尽快把书拿给她。从那本书里她知道了西方文学史上贪婪无情的文学典型夏洛克，重情重义、为朋友甘心两肋插刀、宁愿付出生命的兄弟典范巴塞尼奥和安东尼奥，还有英语里的成语"一磅肉"的由来等等。

如果孩子还小，不太认识字，可以找拼音版本简略故事书，让他们自己读书的时候一看就懂。有些家长拿着满是半文言文字的《水浒》《三国演义》跟孩子分享，当孩子自己打开书看时，痛苦得不得了，自然不愿再去看。

只要孩子对"武松打虎"、"倒拔垂杨柳"、"三顾茅庐"、"草船借箭"、"万事俱备，只欠东风"都知道后，名著的作用就基本完成了。

名著给语言的是典故，是思想。对名著的教育要以故事为主，没有必要去读原著。西方的名著也是让孩子对故事梗概有所了解，知道一点就行，先在他们的大脑里种下种子就可以了。我推荐我上小学五年级的女儿读过一本白话版的中国通史，效果很好，一下她就对中国历代的掌故有了个大概的了解，丰富了历史知识，还增加了其对历史的兴趣。

当然，如果你能让孩子在小学前把名著原著读完也可以。由于年代已久，名著的语言难懂，故事情节也不如现代的小说或影视剧来得直接，读起来一定会相当的沉闷。在引导孩子时要"诱之以利"。我的做法是：读完三部（我没有让她读《红楼梦》，对于小学四年级的孩子太难）之后，给她买电脑。家长的正确心态是：只要孩子读了，不必管她读懂了多少。我们只看重过程，不必太在意结果。读了忘了没关系。读过之后忘掉了95%，只剩下了5%，与只知道 5%有着本质的区别。

　　培养读名著的过程实际上是个培养读书的过程。读书的过程要比读书获取的知识对孩子的影响更大。

关注三
用书影响孩子

　　　杭州的一位家长问：王老师，我们就是按你说的那样从小给孩子读书，现在 6 岁了，基本上自己能独立阅读《杭州日报》《读者》等书刊，并且培养出了读书的兴趣。现在孩子的最大的爱好就是读书，不论什么样的"大部头"她都愿意读，我们特别高兴。今年该上一年级了，我们遇到了一个选择：现在杭州市一所非常有名的私立学校有"全托班"，很多家长把孩子送去了，是让孩子去寄宿学校呢，还是让她在我们附近的小学，每日有父母相伴读书呢？前者，可以自小培养孩子的集体意识和独立意识，后者可以让孩子多些亲情。想征求一下你的意见。

　　对于这个孩子，我个人的意见是让孩子至少也要到读完小学才可以"脱离父母"。

　　"影响教育"里讲，家长要用"督促、引导、分享、榜样"各种方法来影响孩子的行为。"行为"中最重要的一个就是:在孩子小时候家长设法"影响"出他们"读书"的兴趣与习惯。这是未来孩子做任何事情都离不开的"水之源头"、"木之根本"。卓越人生始于斯,成于斯。

孩子有了读书的习惯,不论爱读什么书,家长都应该为之欣慰。尤其是在孩子幼年"思无邪"时代爱读书,家长该感到幸运。接下来,家长需要做的就是将孩子引向"学习快车的正确轨道"。

我不主张孩子过早脱离有读书氛围的家庭环境,当然如果父母工作繁忙,根本无暇顾及孩子,或者家庭环境不好,比如:有些家庭整日里摆着"麻将牌局";夫妻之间战事不断,孩子疲惫不堪等等,一定要让孩子早些独立出去,到学校那片"净土"上接受"正规"的教育。

做家长和老师的可以通过我们的行为(讲故事、提供相关书籍),影响他们的行为(读书),读书这一活动是在用伟人的思想去把他们引向更大的光明。这就是"影响教育"的公式:影响行为→行为影响→影响思想→思想行为。

总而言之,把孩子的这一习惯培养起来不是件容易的事,具体的做法可能很简单,只是重复了一些简单的动作,而过程却要经历若干年。然而将之毁掉却不用那么费力,只要让他们在身边找不到想读的书,再和一帮没有读书习惯的人处上几个月,一个"神童"很快就会"泯然众人矣"。

在学校里,孩子的共性会得以加强,而孩子的个性会被弱化。在全托的学校里,孩子爱读书的习惯多半会因为周围的人多数不爱读"有用"的书,或手边的书不够读而消失。而相反,普通孩子共有的许多缺点会很容易相互传染。

我惊奇地发现,在培养孩子读那些成人都不愿读的书时,孩子读得甘之若饴。想来很容易明白,孩子小,处于一个非常单纯的"璞玉时期",你可以随意雕琢,用伟人的思想和行为去塑造她或他。在他们的身上没有惰性的抵抗,没有其他欲望的诱惑,一切来得那么自然。

小学时代课业相对较少，所以，家长完全可以引导孩子把一般孩子大学毕业前该读的书都读完。小学毕业时，所有的好习惯及科学的世界观与方法论已形成，即使他们在初高中阶段把全部的时间用于功课的学习也没有关系，因为他们扎实的文化与知识底蕴已悄然永驻心中。纵观历史上之大学问家辜鸿铭、胡适、林语堂、钱钟书、季羡林等无一不是自小接受这等"个性"培养而终成大器。

至于有人担心，这样会不会把孩子培养成"书呆子"，或者孩子会脱离群体。我看大可不必。首先，我们培养孩子读书的习惯，并不是让孩子完全脱离他们的群体，而是要他们把课余多余的精力拿来去做更长远更有益的事情，在未来更懂得协调；再者，"书呆子"的形成不是因为读书多造成的，而是因为读同一门类的书太多，视野变狭窄，思维僵化而致。广泛地读书使人见识广博，思维活跃，适应能力更强。女儿读书的结果，非但没有成为"书呆子"，而且在班里一直是班长，学校的中队长，非常活跃的"公众人物"。

所以，不论学校教育的好和坏，我主张，孩子在中学前最好家长多用书来影响他们的行为，塑造出他们未来的走势。

附：女儿小学五、六年级时习作几篇。

季节四部曲

季节四部曲——忆春

今秋，回忆春季，颇有味道。

细想，春的花，如此绚丽；春的树，如此娇嫩；春的天，如此蔚蓝；春的云，如此形态万千。

望望，过去的春天，美丽还是高傲，一朵朵，一棵棵，无疑衬着春天的五彩斑斓。

回忆起杂色的春，如此美妙，如此值得回味。

古人云："千里莺啼绿映红"，红绿相映，鸟雀高歌，唱颂着春的美，春的活泼,春的生气勃勃!名家描绘的春淋漓尽致,但是看着春能想到画,可看着画却难以望到那朝气蓬勃的春!大自然挥舞着魔法棒,不断给春添加色彩,绚丽多姿的春多么值得怀念!!!

季节四部曲——思夏

夏,给人一种说不出的感觉,细想,炎热,酷暑,没有丝毫凉爽的风,可不知为什么,我对夏有一种说不出的亲切。

试想,春给人温暖,秋给人凉爽,冬给人快乐,而没有了和春秋冬不同的夏,我却觉得好像少了点什么。

假如没有了夏,似乎没有了灿烂的阳光;假如没有了夏,好像没有了浩瀚的海洋;假如没有了夏,仿佛没有了乘凉的人们;假如没有了夏,犹如没有了美丽的荷花;假如没有了夏……

可能夏是人们一年中必不可少的季节,奶奶在夏,摇着扇子,给小孙子讲故事;妈妈在夏,夜里微笑着照顾着一家;宝宝在夏,不知疲倦地在院里玩耍。

没有了夏,人们感受不到炎夏跳进泳池中的感觉。这样想一想,思夏,蛮快乐的!

季节四部曲——望秋

金秋望今秋,美景展现眼前,

金色的秋,说落叶如蝶,似乎有些俗套。这种比喻已不能描绘映入眼帘之景了。

回想往日,我们在下着黄叶雨的院落中玩耍嬉戏。而今,却不像以往,我们已是大孩子,不能再用玩耍耽误学习了,只能隔窗探头,用那羡慕又留恋的目光欣赏这残留的秋色!

落叶金黄,起舞翩翩。看着这漫天飘舞的黄叶,缓缓凋零的花儿,好像有些悲剧的色彩。想想以后的日子,越来越忙碌,越来越劳累,越来越紧张。反反复复,一天又一天的日子,不再那么轻松那么快乐……

花叶凋零,岁月凋零,花叶再生,生命却不能返回,渐渐长大的我,担心起来,长大了还会像现在吗???

生命的消逝是否像凋零的秋天,转为冬那白发苍苍的老人???我不想长大,我想继续我这快乐的童年时光……

秋天的雨露不要变成银霜,我的黑发不要染上白雪呀!……

季节四部曲——念冬

冬,白茫茫,雪皑皑的一片,虽然有些单调,但我觉得它并不缺乏色彩。

想想春天的艳丽,夏天的妩媚,秋天的金黄,冬自然比不上,可冬的洁白,冬的纯洁,又有哪个季节可以相媲美呢?

没错,冬的纯洁无谁可比,大片大片的白雪是大地的衬衫,可冬是冰冷的,不像春那样温暖,不像夏那么炎热,不像秋那么凉爽,但冬是美丽的,乾坤白雪,啊!难以想象。

试想,冬天,冰雪的世界,到处一片纯白,纷纷扬扬的大雪还在不停地下,你透过结着冰花的窗子,看着外面的孩子在嬉戏玩耍,顽强的松树托着沉甸甸的积雪,白白的六棱雪花,撒满整个世界,多么美的享受。

无疑,一片片凉丝丝的雪花,并不代表冰冷的心,而是代表可爱的人。

冬是温暖的。

观青铜奔马

我呆呆地望着青铜奔马,望着,望着,……

看!青铜奔马三蹄扬飞,一蹄毫不固定,稳稳地踏在一只燕上。鬃毛琴弦似的竖着。啊!马活了!它昂首嘶鸣,纵情驰骋大地。呀!又来了一群马,它们开始赛跑,奔马似青色闪电,踏高山如履平地。平稳如船航碧海,轻快似燕掠浮云!把其他马抛在后面,自己遥遥领先。奔马又奋蹄疾驰,似四蹄生翅,嘶叫咆哮,腾空入海。啊！赛马进入了高潮！啊？它又变成了青铜奔马。

太 行 山 水

人们都说:"桂林山水甲天下。"可我觉得太行山水也毫不逊色。我们乘着船荡漾在平湖上。

我看见过波澜壮阔的大海,我接触过流水潺潺的小溪,却从未看见过平湖这样的水。平湖的水真广啊！一眼望不到边,只看见矗立中央的山;平湖的水真绿呀！纯净的绿让人看一个钟头也看不厌,像翠绿的玉石;平湖的水真清呀！虽说是湖,想象中一潭死水,但亲眼所见,湖水清澈见底,湖中沙石依稀可见。湖面微微荡起波纹,不像钱塘江那样豪迈,也不像金鞭溪那样潺潺。

我攀登过高大雄伟的泰山,玩赏过红叶似火的香山,却从没看见过太行这一带的山。太行的山真陡啊！抬头一望,顿觉头晕目眩,高不可攀,大自然这个雕刻师,是怎样把山都雕刻成这样,让它笔直的矗立在这里;太行的山真奇呀！一座座拔地而起,像猩猩,像女孩,姿态万千;太行的山真净啊！常年雨水冲刷,使山上一尘不染,总是湿漉漉的。

太行的山水虽不及桂林,但也是山中之山,湖中之湖,让你感到像是走进了连绵不断的画卷。

决定孩子一生的五项特质——王飞博士家庭教育方法课

关注四
读书的益处

读书促进健康

读忘记是哪位名人说过："吾之身体由口腔进食物以养之，吾之身当由口腔纳书籍以养之。"这句名言颇有见地。

"书犹药也，善读者可以医愚。"（刘向语）

"书籍是全世界的营养品。"（莎士比亚语）

"学习为保健性的理解力。"（一位瑞士人口学者语）

总之，读书（指读好的书，下同）不仅是有效的求知途径，而且还有益于身心健康，这就如高尔基所说的"读书愈多，精神就愈健壮而勇敢"。

读书何以能促进身心健康呢？

医学告诉我们，人的健康有两个方面：生理健康和心理健康。二者相辅相成，互为影响。医学家做过调查，大多数喜欢读书和从事脑力劳动的人都

具有发达的脑神经,即使到了耄耋之年仍旺盛不衰。人在静中读书,心情平和,精神欢愉,体内各种激素的分泌平衡,各种机能十分活跃,新陈代谢旺盛,内脏功能良好,从而使体内的精气不耗散,外邪无机可乘,这一来疾患无处可生。

读书有益于心理健康。现代医学研究表明,常见疾病大多与心理因素有关,"人生如良苗,保养仍滋长,苗以水泉溉,心以理文养。一日不读书,胸臆无佳想。一月不读书,耳目失清爽。"清代著名戏曲家李渔也以"生无他癖,性好读书。忧藉以消,怒藉以释,牢骚不平之所藉之铲除"赞美读书。

读书还能延年益寿。日本人口学专家研究发现,人群中寿命最长的是哲学家,其次是科学家和艺术家。美国的人口学家预测寿命时给勤奋学习的人加3岁。

读书还和佛家和道家的静坐有着异曲同工之妙。一篇美文,一本好书,能让读者宠辱皆忘、浑然忘我、身心轻松,从而把读者带入那种虚极静笃的和谐境地里,时常几个小时眨眼过去,极尽欢愉,尽享其乐。

大声朗读更有妙用。从运动器官功能来讲,大声地朗读除了使用眼睛外,还要用嘴和耳朵,也就是通过视觉、听觉以及嘴的发声,使三种器官与大脑联网,其学习效果会大大增强。

中外学者研究证明,朗读能促进人体健康。英国著名哲学家培根说:"读史使人明智,读诗使人灵秀。"英国作家毛姆认为:"读书可以缓和饥饿的痛苦与失恋的悲哀。"说明读书具有增智、娱心、养性等功能。朗读时,除了调动眼、耳、嘴三个器官的功能外,还要配合呼吸,促进肺的运动。经常朗读充满美感的文章、诗词,不仅能提高文学修养,更能令人赏心悦耳。读得琅琅上口,读出抑扬顿挫,读出韵味无穷,甚至可以读得摇头晃脑,这对身心大有裨益,更有延年益寿之功效。

宋代诗人陆游,才华横溢,写作勤奋,写下诗、词、散文数以千计,他的创作精力旺盛,享年85岁高寿,很大程度上源于他深谙朗读这一健身之道,且终生实践不懈。须知,当一个人在全神贯注地朗读时,就会使自己的心灵与美文融为一体,进入其心悠悠、其乐融融的境界。愉悦的心情,能激发大脑皮层的兴奋,使大脑神经调节物质乙酰胆碱分泌增加,皮下血管扩张,血液循环加快。由于血流涌向肌肤,能使人容光焕发,故朗读具有养颜健身和增强免疫功能之功效。

近年来,德国和欧洲不少国家,已把朗读诗文列为治疗某些疾病的"良药",还出现了颇具规模的"诗药公司",专门出版具有各种治疗功能的诗集,供患者对症选读。大量实践证明,朗读有增进健康和防治疾病的良好保健作用,更能保持思想敏捷,延缓脑细胞衰老,增强精神和内分泌系统的调节功能。

读书之"快"

多年前,曾问及一位"瘾君子":"你不知道吸毒是有害的吗?又是什么能促使你抛开一切去做的呢?你能告诉我吸毒后是什么样的感觉吗?"他对前两个问题的回答我记不起了,和我们的认识是一致的。但,当他回答最后一个问题时,挑起眼神,嘴角露出神秘的微笑,说:"那是一种不能用语言描绘的感觉。妙不可言,用吸毒者的话讲——'飘'。"

我又问:"在《基度山伯爵》一书中,我读到过一段:一个人服用了伯爵给的一种碧绿的液体——大麻——后,眼前幻境浮现,他一生中想得到但没有得到,或者不可能得到的东西都出现了,任其享受。幻境中的感觉与真实感受绝无二样。就像《红楼梦》中贾宝玉去过的'太虚幻境'。是不是因为这样,人们才乐此不疲去醉生梦死呢?"

那人讲:"不是那样。吸食过毒品的人,愿意找一个不见光,不被任何人、任何声音打扰的地方,静静地躺着,脑子里什么都没有,一种'空灵虚无',只剩下身体中的静谧的快感:似是梦境,分明大脑极为清醒;本是静卧,却的确感觉在飞。飘!"

当时听完一头雾水，不知所云。也就放下不再去想了。

近日来一直在读书。读了几本英文小说，接下来读美国文学史，然后是英国文学史。一路下来十几本了。从刚开始的磕磕绊绊，一段话反复理解，许多生词查找记录记忆，到后来能将就着一遍把大段的文章理解，生词明显见少，还算流畅，以至到眼下，几乎没有障碍地在文海中嬉戏徜徉，尽情的享受着英语的美妙。

在《威尼斯商人》中，当所有的人要求夏洛克放弃安东尼奥的一磅肉时，冷酷无情的他，站在法庭上振振有词：（作者注：以下所有英文引用的翻译均为作者所作，只为帮读者理解，非准确的译文）

What judgment shall I dread, doing no wrong?

不做错事，我会怕什么审判？

You have among you many a purchased slave,

你们当中的人拥有很多买来的奴隶，

Which, like your asses and your dogs and mules,

像对待你们的驴子、狗和骡子一样，

You use in abject and in slavish parts

你们用他们去做卑微低贱的事情

Because you bought them—shall I say to you,

因为你们买了他们——我要对你们说，

Let them be free, marry them to your heirs?

让他们自由，让他们迎娶或者出嫁给你们的子嗣，同意吗？

Why sweat they under burdens? Let their beds

为什么他们要在重负下汗流浃背？把他们的床

Be made as soft as yours, and let their palates

铺得跟你们的一样软乎，让他们嘴巴

Be season'd with such viands? You will answer,

品尝美味珍馐,行吗? 你们会回答,

The slaves are ours:—so do I answer you:

奴隶是我们的——我也回答你们:

The pound of flesh, which I demand of him,

我要要的他的这磅肉,

Is dearly bought, 'tis mine, and I will have it。

是我高价买的,这是我的,我要拥有它。

If you deny me, fie upon your law!

如果你们拒绝我,让你们的法律见鬼去吧!

最后的几句话,太有感染力了。我甚至可以看到夏洛克说最后一句时用力挥手的样子,那掷地有声的 If you deny me, fie upon your law! 我若在场我肯定会为他喝彩,去献花,拥抱。多么可爱的老头啊!

莎翁笔下的夏洛克叫我们情不自已,可又哪比得上那句永世流芳的:

So long as men can breathe, or eyes can see

只要人们还能呼吸,眼睛还能看物

So long lives this, and this gives life to thee。

这首诗留存多久,它就会用多久赋予你生命。

人间的溢美之词让莎翁一语道尽。当真是文豪的风范。惊叹未落,又起惊诧。John Donne 告诉我们,原来爱还可以这样写:

Our two souls therefore, which are one,

因此我们的两颗心灵,其实是一个,

Though I must go, endure not yet,

尽管我必须离去,

A breach, but an expansion,

就像把金子锻造得若有若无地菲薄,

Like gold to airy thinness beat。

我们之间没有断裂,而是绵绵延展。

If they be two, they are two so

如果它们是两个,它们就是这样的两个

As stiff twin compasses are two;

像是圆规的两支牢固的脚;

Thy soul, the fixed foot, make no show

你的心,就是那支固定的脚,没发现动

To move, but doth, it th'other do。

但确实动了,因为另一支移动。

这是 John Donne 在文坛成名的绝技之一 conceit,即打破常规的思维,那超出人意料的比喻。以金在锻造中有绵绵延展的特点来形容两颗相爱的心,不会因为空间的分离而断裂,两颗心会永远相连;用上体相连、下分两脚的圆规,来类比两颗爱心的分合、动静、去留,让读者大快朵颐。真是见所未见,闻所未闻。那种清新、新奇的冲击力,想了许久也没想出一个词,可以道出我此时兴奋。我醉了。

乘着读性,一路下去,又是一部旷世小说展在眼前:

西行大道上,黄沙飞扬,一行人身负行囊,要去西天祈福……读到这儿你可能会想,《西游记》怎么进了英国文学史了。有点像,但不是。这是约翰·班扬的《天路历程》。虔诚憨厚的主人公 Christian 同样有玄奘大师不为人言所动的执拗,一旦认定,九牛拉不回。顽固得可爱。其实也不只他们两个呀,凡是有所成就的人,不都这样嘛。我们的 Christian 自然也总是屡次遇到劫难,在名利场(vanity fair)上先是被视做怪物嘲笑,然后在市场上被追打,被魔鬼诱惑(只是不是美丽的老鼠精的色欲陷阱),最后被收入大牢。结果吗,不说也知。逢凶化吉,遇难呈祥。这部小说是西方文学史上第一部寓言小说,班扬也因此奠定了自己在文学史上的地位。"名利场"一词也从此成了追逐无尽欲望的代名词。

......

短短一天,掠过了"百年文学"。虽然腰酸背痛,却兴味盎然,心情舒泰。

听说钱钟书先生在巴黎图书馆读书时,一天读一书架的书。先生讲,自己最爱的事就是一个人坐在大书房内,博览群书。那时觉得费解。读一本书会令人沉醉,因为情节抓人,看很多不相干的书,那兴奋点又在何处呢?

现在明白了。这大概就是"读书之快"吧。

这是一种"飞"的感觉。宛若一只苍鹰高高飞在天上,锐利的目光把大地上的各个美景一览无余,尽情地享受造化之美。欣赏完一地后,羽翼轻轻一掠,翔入又一胜景,饱餐一顿那里的绮丽秀色,再更换天地。

美国民谣歌手约翰·丹佛在他的歌中唱道:…like an eagle needs neither comfort nor thought to rise up on glorious wings.(就像一只鹰,不需要舒适,不需要思考,驾驶荣耀的翼膀,振翅高飞)。与其说飞翔时快意于那些映入眼帘的美景,真不如说是在体验那种观景之外的自在,逍遥与洒脱。

这不就是开头那位"瘾君子"口中的"飘"吗?

最近一直在忙于年底的书稿。闲暇时又读了丘吉尔的 The Joys of Writing 这篇文章,越读越是有感觉,真是道出了写作的妙处——最近的心境。于是就把它翻译了出来。

也说读书

子思在《中庸》里说,学问之道在于"博学之,审问之,慎思之,明辨之,笃行之。"首先,要多元化学习,不仅限于从书本中,更多的是向生活学习,正所谓"世事洞明皆学问";对学到的东西要深深地钻研;慎重地思考;多方位多角度地观察求分清真伪;最后把得到的成果还要脚踏实地地予以实践。

读书分三种方式:学习;学识;学问。

学习为学校读书,做法:研读,即反复读。功能:记问之学。学习需精,反复研读精品,求深,此谓审问之、慎思之。

学识为学习读书，做法：精读，即一遍认真读。功能：巩固之法。学识得博，一遍细读，求广扩面，此为博学之。

学问读书——选读，采撷批判，搜集运用。功能：运用之道。学问在选，浏览、速读、跳读，选我所用，找差异寻共鸣，此为明辨之、笃行之。

三者交叉共存，不分先后。

本人常被人冠以"学者"的名头，实是汗颜，写到这里不禁小发感慨。

何谓"学者"？首先是自己在学习的人，而后才是值得别人学习的人。

何谓"学问"？"学习"与"问道"者也。

所谓"做学问"，也是把别人或自己遇到问题，通过向书本和生活的"学习"与"问道"，从而"明道"，进而"示道"、"传道"、"解惑"。

自忖没有做到。把自己称作"途中学者"都有些过意不去，不如自封"学者途中"吧。

培根谈读书，堪称读书之"顿悟"。

OF STUDIES
论读书

Francis Bacon

弗兰西斯·培根

王佐良译

Studies serve for delight, for ornament, and for ability。Their chief use for delight, is in privateness and retiring; for ornament, is in discourse; and for ability, is in the judgment and disposition of business。

读书足以怡情，足以傅彩，足以长才。其怡情也，最见于独处幽居之时；其傅彩也，最见于高谈阔论之中；其长才也，最见于处世判事之际。

For expert and execute, and perhaps judge of particulars, one by one;

but the general counsels, and the plots and marshalling of affairs, come best form those that are learned。 To spend too much time in studies is sloth; to use them too much for ornament, is affectation; to make judgment wholly by their rules, is the humor of a scholar。

练达之士虽能分别处理细事或一一判别枝节,然纵观统筹,全局策划,则舍好学深思者莫属。读书费时过多易惰,文采藻饰太盛则矫,全凭条文断事乃学究故态。

They perfect nature, and are perfected by experience; for natural abilities are like natural plants, that need pruning by study; and studies themselves do give forth directions too much at large, except they be bounded in by experience。

读书补天然之不足,经验又补读书之不足,盖天生才干犹如自然花草,读书然后知如何修剪移接,而书中所示,如不以经验范之,则又大而无当。

Crafty men contemn studies; simple men admire them; and wise men use them: for they teach not their own use; but that is a wisdom without them, and above them, won by observation。

有一技之长者鄙读书,无知者羡读书,唯明智之士用读书,然书并不以用处告人,用书之智不在书中,而在书外,全凭观察得之。

Read not to contradict and confute; nor to believe and take for granted; nor to find talk and discourse; but to weigh and consider。

读书时不可存心诘难读者,不可尽信书上所言,亦不可只为寻章摘句,而应推敲细思。

Some books are to be tasted, others to be swallowed, and some few to be chewed and digested: that is, some books are to be read only in parts; others to be read, but not curiously; and some few to be read wholly, and with diligence and attention。 Some books also may be read by deputy, and extracts

made of them by others; but that would be only in the less important argu-
ments, and the meaner sort of books; else distilled books are, like common
distilled waters, flashy things。

书有可浅尝者,有可吞食者,少数则须咀嚼消化。换言之,有只须读其部分者,有只须大体涉猎者,少数则须全读,读时须全神贯注,孜孜不倦。书亦可请人代读,取其所作摘要,但只限题材较次或价值不高者,否则书经提炼犹如水经蒸馏,淡而无味。

Reading maketh a full man; conference a ready man; and writing an ex-
act man。And therefore, if a man write little, he had need have a great memo-
ry; if he confer little, he had need have a present wit; and if he read little, he
had need have much cunning, to seem to know that he doth not。

读书使人充实,讨论使人机智,笔记使人准确。因此不常做笔记者须记忆力特强,不常讨论者须天生聪颖,不常读书者须欺世有术,始能无知而显有知。

Histories make men wise; poets witty; the mathematics subtle; natural
philosophy deep; moral grave; logic and rhetoric able to contend。Abeunt stu-
dia in mores(Latin: studies go into forming one's character)。

读史使人明智,读诗使人灵秀,数学使人周密,科学使人深刻,伦理学使人庄重,逻辑修辞之学使人善辩;凡有所学,皆成性格。

Nay, there is no stand or impediment in the wit, but may be wrought out
by fit studies: like as diseases of the body may have appropriate exercises。
Bowling is good for the stone and reins; shooting for the lungs and breast;
gentle walking for the stomach; riding for the head; and the like。So if a
man's wit be wandering, let him study the mathematics; for in demonstrations,
if his wit be called away never so little, he must begin again: if his wit be not
apt to distinguish or find differences, let him study the schoolmen; for they are

cymini sectores (Latin: dividers of cumin-seed); if he be not apt to beat over matters, and to call up one thing to prove and illustrate another, let him study the lawyers' cases: so every defect of the mind may have a special receipt。

人之才智但有滞碍，无不可读适当之书使之顺畅，一如身体百病，皆可借相宜之运动除之。滚球利睾肾，射箭利胸肺，慢步利肠胃，骑术利头脑，诸如此类。如智力不集中，可令读数学，盖演题需全神贯注，稍有分散即须重演；如不能辩异，可令读经院哲学，盖是辈皆吹毛求疵之人；如不善求同，不善以一物阐证另一物，可令读律师之案卷。如此头脑中凡有缺陷，皆有特效可医。

文字是思想的外衣。

——王飞

特质三

写口——用文字表达思想的高级
思维能力

写出我心里所想……

所谓"写口"，是指用"手"执笔写出"口中言"，从而传达"心中想"。文字是语言运动的高级方式。脑子里出现一个念头后，仅仅用嘴说出来，我们称之为"想法"，只有用文字记录下来，才能成为"思想"。文字的出现使人类伟大的思想的传递不再受到时间和空间的限制，才有了思想的源远流长。

据说曹雪芹写《红楼梦》时，他经常徘徊于市井、茶肆等地，在那里认真地听别人讲故事，还把自己构思的故事讲给别人听，回去之后把别人和自己的"口中言"书写成文。《聊斋志异》的故事，也多是蒲松龄在自己开设的免费茶馆里，把道听途说的各类鬼怪故事，搜集整理记录而成册。外行人以为学者们都是先写书然后才到处讲述自己的理论，实际上，很多情况下是先到处讲述想法，然后再写书，总结成系统的理论。

写口，不仅是孩子练习写作的方法，还是未来的学问与学术之道。

"有话写不出"的困惑

我有一个同事的孩子,由于从小学低年级开始就参加奥赛补习班,数学成绩"一级棒",就是不愿学习语文,找不到感觉,尤其不会写作文。老师留了作文,要么只会记流水账,要么就写不出来,愁得直哭。我就此问过语文老师,老师的回答总是"孩子平时写作素材积累得少"、"生活阅历少""读书太少""缺乏对生活的感知能力,不会观察生活"等等。这些回答初听起来似乎有道理,但是,当我反问了几句后问题出现了,我问"积累多少素材就够了呢,积累什么就可以了呢,赶紧让他们去积累";"生活阅历多少就能写出好文章了呢","他的同桌比他的生活阅历多吗,为什么他就能写出不错的文章呢";"读多少书就可以了呢,要读哪些书呢,快把书目列出来让他们去读啊";"既然不会观察,那就该马上告诉他们如何观察,怎么观察呢?"等等一连串的问题,最后被问的老师哑口无言。

其实检验孩子会不会写作文的方法很简单：看孩子会不会讲话。如果他们能说起自己感兴趣的话题时滔滔不绝地说个不停，撒起谎来有鼻子有眼，他或她绝对是写作文的高手。

我们现在使用的是"白话文"。推广白话文的目的就在于让语言的使用者做到"我手写我口"。这五个字是"新文化运动"时期，在"提倡白话文，反对文言文"中胡适之先生提出来的。"新文化运动时期"鲁迅先生与复旦大学的老校长陈望道先生一同提出"大众语"，也是这个目的。一个会说话且说出的话的每个字都会写的人，当然能书之成文。那么孩子为什么写不出来呢？

第一：语文老师的命题作文限制了本就疏于用文字表达所想这种技术练习的孩子的思维与想象力。大文豪林语堂先生对此颇有感慨。他说：国文（语文）教学中最害人的莫过于命题作文，就连我这以文为生的人都很难做到，所以，出版社找我约稿时，一般我给他的东西都不是他们要的。的确如此。当一个人被要求写出自己不熟悉的东西时，要么写不出，要么写出来"言之无物"，这不就是我们经常批驳的"无病呻吟"吗！？ 不过可喜的是，现在的中高考作文试题的改革已注意了这一点。命题思路越来越宽，尽可能使题目开放，尽可能给考生以更大的的创作空间。

第二：缺少有效的专项训练，结果是构思的时候思维天马行空，极为活跃，可是一旦坐下来想写时，却无从下手。用文字表达所想是一项技术。Any skill requires constant repetition to become the second nature. 任何技能只有经过不断的重复练习才能变成第二本能。

下面就开始训练我们的"写口"能力。

方法一
用 MP3 录音整理文字——
马上"出口成章",把有声的
语言变成文字

<ruby>有<rt></rt></ruby>一位初中生家长讲述过一件很耐人寻味的事情:

"我的孩子不爱写作,令我很'上火'。于是我守在她身边,逼她必须写,写不出文章不能出去玩。她没有办法,只好坐在那里发愁。我边守着她边做家务。终于她说写完了。我让她读给我听。她拿着文章给我念,我一听,写得挺不错,便说:'很好,让我看看'。结果,她递给我一张白纸。气得我想揍她。她让我别难为她了,她真的写不出来。"

不止一个家长向我反映:我们不理解这是为什么?孩子说出的话,你一字不动地变成文字就是很好的文章。可是,你让他一写他说都忘记了,还是写不出来,这该怎么办?

现在的孩子学习语言的渠道很多,所以他们的语言表达能力很强,但不太习惯于用文字表达。既然"出口能成章",就先借助记录工具——录音设备

（MP3、MP4 等电子学习工具）。把自己的录音整理出来，再加以润色，不就成了很好的文章吗？

让孩子明白他们不但能写出来文章，还能写出不错的文章。这一点对于建立自信尤为重要。

练习整理别人的录音，根据自己的笔记，尝试回忆别人讲话的内容。这样还可以培养记笔记的习惯。

记笔记是学习中最重要的一步。上完每节课，根据自己记录的课堂笔记的提纲尝试回忆把老师讲过的话尽可能的用其原话记录下来。这也是一种训练方法。另外，这种方法还可以增强记忆效果。

语言未来的发展趋势是"口语化"和"电子化"。人们坐下来用手写作的能力会被逐渐弱化。随着语音录入技术的发展，今后人们的写作方式将会变成对着麦克风说出自己的想法，电脑自动生成文章。这是趋势，只是今天还没有达到，必须由人工辅助。

方法二
把讲过的话反复讲两遍后再写出来——训练"大脑复读能力"

了上面的方法 1 反复训练一段时间,建立起信心之后,开始方法 2。

大多数的人都是口语好于写作,当然有些职业的作家和科学家等人士除外,那些人不需要我们这样的方法练习。对于"口大于手"的学生来讲,让他们试着"重复自己刚刚讲过的话"。

人在日常生活中需要动笔写字的时候不多,所以,大脑思考完要说的内容之后,就通过口说了出来,然后再去组织新的内容。进行重新再整理说过的话的训练比较少,当然这项能力就比较弱,经常是说过之后马上就忘记了。经常说话时头头是道,一旦坐下来想动手写下来时,只能回忆起自己讲过的话中的只言片语,不知从何写起。或者解释为,脑、口、手的协调能力远远逊于脑、口的协调能力——想和说的时候顾不上写,写的时候思路就断。

任何能力的提高都必须经过反复地训练。我们需要练习"重复自己刚刚讲过的话",把自己讲过的话的内容在大脑里面清晰地固定下来——即大脑能够把在"无重复意识"情况下说过的每句话每个字能"复读"出来。直到自己能够把说过的话非常熟练,即使坐下来写字时都不至于忘掉时,就成功了。其实,我们是在训练大脑的"录音"功能,相当于给大脑配了个"复读机"(本人一直以为,复读机的出现是语言学习的一个技术突破)。

这项能力说起来好像很复杂,实际上任何人在有意识地练习之后,在短期之内就能掌握和运用。而这种能力一旦拥有,就真正做到了"出口就能成章"。

方法三
"成章就能出口"——
"外语口语"的训练法门

汉语是母语,口语的练习很难有什么心得可谈。英语是专业,很像母语,而日语、法语和意大利语等外语口语的学习和练习让我对"外语口语"的训练有了很深的体会。

我发现,跟别人交谈时,爱表达的话题几乎是相同的,只是表达的语言不同。当我想与人沟通时,会在日语、法语和意大利语中去找跟英语中相同或相近的那门语言中地道的句式去表达,而这些句式又恰恰是我说汉语时经常在口语和写作中运用的。当然我这里的"口语"不是仅仅指那些简单的"你好"、"我的名字叫什么"、"天气如何"、"再见"等日常用语,更多的是指语言交流和思想沟通等语言句式。

基于上面的发现,我在我的"英语口语训练营"中的做法不是让孩子去大声地说一些简单的 How are you? Where are you from? 等低级的只练发音

的句子,更侧重自己的想法和看法的系统表达能力。我的做法:

第一阶段:成章(organization)

第一步:分组(grouping)。一个 30 个学生的班分成 6 个小组。

第二步:陈述(statement)。每个同学在自己的组内用汉语跟别的同学谈论自己最感兴趣的话题。因为是自己感兴趣和有想法的话题,自然有内容可讲。

第三步:巡讲(tour)。组与组之间人员逐个交换。每个同学到其他的 5 个组内去谈论同样的话题。经过 5 次跟不同的人谈论同样的话题,自己在说话中常用的词汇和句子就已经沉淀出来了。

第四步:成文(organizing)。通过查工具书,与同学交流或者问老师,把自己的话题(topic/idea)、常用的词汇(words/terms)、句式(sentence structures)、句子(sentences)变成地道的英语(native English)。

第二阶段:出口(presentation)

第五步:陈述(statement)。每个同学在自己的组内用英语跟别的同学谈论自己最感兴趣的话题。因为是自己感兴趣和有想法的话题又知道了用英语如何表达,当然能够说得出来。

第六步:巡讲(tour)。组与组之间人员逐个交换。每个同学到其他的 5 个组内去用英文谈论同样的话题。经过 5 次跟不同的人谈论同样的话题,自己在说话中常用的词汇和句子自然变得流利(fluent)和连贯(continuant)起来了。每更换一个组,每重复一遍,孩子都能把内容变得更丰富(rich)和更熟练(proficient)。

经过一轮这样的训练,掌握一个话题。然后"简单的事情重复做,重复的事情用心做",丰富更多的话题和表达方式。

很多学生在训练之前到"英语角"只是个"看客"(spectator),从训练营里出来后,马上成了 VIP,引来众多的称赞和羡慕,自尊心得到了极大的满足。

方法四
突破"无话可写"——
做"联词造句"的练习

纵观写作能力培养的全过程分三个阶段:第一阶段,无话可写;第二阶段,有话肯写;第三阶段,有话就写。下面就在各个阶段采用不同做法来养成习惯。

第一阶段:跨越无话可写

这是没有写作习惯的人,第一个面临的问题,往往是拿起笔来就发愁写什么,思前想后,实在是没的可写,就开始萌生退志。实际并非真的无话可写,而是可写的东西太多了,都想写出来,一下思绪的闸门被塞住了,疏导的方法:第一步先建立信心——我能写。

每天找出三五个,以前学过的词汇,串连造句。每天一篇,作为日记。要求就是,不管通过怎样的联想,只要能把他们连到一个事件里即可。这样做,第一:可以丰富词汇,为增强表达能力打好基础;第二:锻炼学生的想象力,

培养其敏捷的思维能力;第三:学生为了能把这些词汇用上,势必需要大量的素材,这会让练习者养成平时积累素材的习惯,同时,写成的这些文章,又可以成为今后写文章的素材;第四:由于词汇数量的要求,学生再也不会写不出东西,因为没有篇幅,就用不上这些词语,长的篇幅会让学生产生成就感,同时,那些美丽、离奇的故事情节,丰富华丽的词藻,会让学生的家长,包括学生本人感到他的写作天赋是不容忽视的。

有位小学四年级的学生家长,带着孩子,找到我们,说这孩子的作文一塌糊涂,当时我们就采用上面的这个方法,给那个同学留了 10 个他以前学过的词,让他回去,串连到一块写篇文章,那个同学起初说:老师,我写不出来。我当时告诉他:写你最想写的,不管写什么,不管绕多大的圈,只要能用上这 10 个词就可以。到了第二天时,他爸爸拿着那个同学写的文章来找我们。原来这个同学写出了一篇"精美"的童话,他的父亲一开始对此怀疑,是不是抄袭的,但我一看,的确是该同学所写,因为那 10 个词全用了。

那个同学写的是自己有一天睡至半夜,听到自己的玩具箱内有叽叽喳喳的声音,他打开玩具箱,看到了一个别开生面的场面,一大堆玩具,从争吵到骚乱,最后打了起来,他文章里为了用上所给的词汇,甚至想到一个机器人孤立无援时,张开口吐出几个小机器人助战这样如此离奇的情节,整篇文章写了四百多字。单看这篇文章,谁也不会说这位小朋友作文差,他自己看到洋洋洒洒的文章,受到家长老师的夸奖,知道"我能写",便开始经常地做这样的练习,从中找到了写文章的乐趣。突破了第一关"无话可写",而成了"有话可写"。

之后,我让他的爸爸每天给孩子几个词,让他驰骋想象,"肆意创作"。那个孩子居然有一天打电话与我商量要我帮他联系出版社出一本《童话长篇小说》。创作的激情点燃了他写作的愿望。

这一做法实际是运用了"想象能力"和"写作能力"的互动性,人们知道丰富的想象能力,可以用丰富的词汇来表达,常常忽略丰富的词汇同样可以激发丰富的想象。比如我们看到"铁马金戈、横尸遍野、黄沙漫天"都会联想到古战场，没有人会去想男女约会；看到"芳草萋萋、花红柳绿、千里莺啼、小桥流水"，一般都会想到江南三月。这就是词汇赋予人们的含义。

我在读"英语语言文学"硕士学位时就发现，任何语言的每个词只是一个"意境"或者"意象"（image）的"提示码"。人们在学习语言时，对词汇的掌握是对这个"提示码"后面的"意境"或"意象"的理解和融会贯通，而不仅仅对该词汇的音节和字符书写的简单记忆。所以，一个作者在写作时，大脑里面的信息处理方式，不是词语的检索和堆砌过程，而是情景、思想、逻辑（即"意象"）的运动过程。先有这些抽象的"意象"，然后，自然而然地把他们翻译成"提示码"表示出来。

听来的词汇和读来的词汇，是从词汇（"提示码"）到"意境"的转换生成过程；而说出的词汇和能够写出的词汇，是"意境"到词汇（"提示码"）的描述表现过程。这是两项尽管相通但毕竟不同的能力。我反复强调：任何单项能力的提升都需要专项训练。所以要想提高写作能力需要"写作"。不论学习母语还是外语的写作，正确的做法：把学到的每个词汇主动用上至少一次。这样，这个词汇提示码后面的"意境"在人的大脑里得以主动地确认生成，使"意境"或者"意象"与相对应的词汇"提示码"建立起长久与巩固的练习。从而能够当该意境出现时，把词汇信手拈来。很多人读了不少的书，甚至在"好词好句本子"里积累了很多的东西，一到写作仍然愁煞脑筋。

老师给孩子的留"写日记"的作业时，大可以从近日学过的词汇当中选出几个让学生回去做上述的练习，这样做可以说"一石二鸟"，既复习了已学的词的含义，又让他们在文章中使用，最重要的是打开了写作思绪的"闸门"，然后写个痛快。

一个江苏无锡的学生家长在 2008 年 5 月听完报告回家的路上，就给自己上小学四年级但作文一塌糊涂的儿子留了个作业，让孩子用"母亲节、感恩、严肃"写一段话。儿子写道：

我走到一向严肃的爸爸面前说:"母亲节就要来临了,爸爸,我想给我的妈妈买件礼品,表达我的感恩的心意。我没有钱,你可以借给我100元吗?等我长大挣了钱后一定会还给你的。"

一段写完,妈妈感动得流下了眼泪。多么感人的话,多么巧妙的构思,多么煽情的描写啊。一个不爱写,也"不善于"写作文的孩子写出了这么有生活和穿透力的语言,你还会怀疑孩子的写作能力吗?

在这一阶段的练习中,不做体裁,字数等的限制,写小说是最容易的,无论是科幻的,武侠的,推理的,言情的……都可以,不要想写得好和坏,只要写出来就可以,在写的过程中尽可能丰富地运用已学过的词汇,这是用想象能力带动写作能力的练习,再一次体现二者的互动关系。

我们战胜了对写作的"恐惧",感到"我能写"后,就去做第二步"我去写"。(作者注:第二阶段"有话肯写"和第三阶段"有话就写"在《学习快车——优秀学生训练系统》一书中第162~167页上有详细的阐述,此处不做赘述)。

这一做法,在"少年作家训练班"里得到了发扬光大。"联词造句"中侧重"联词"而非"造句"。训练的目的不是为了用上词汇"造句",而是用词汇去激发"联想",用丰富的想象去"串联"词语。词语在文中是点缀,是线索,是发酵剂,是燎原的星星之火,是引爆思维的导火线。

方法五
"联词造句"在英语写作中的运用

英语在初高中阶段的写作(writing),从严格意义上讲叫作文(composition)。只要求用简单的话来表达一些最基本最简单的意思。现阶段注重的是表达意思,而不是语言本身的美。所以在初高中阶段英语写作时,一定尽量用简单的词汇、词组和句式,英语中的成语(idiom)尽量少用,以免错用扣分,正所谓"不求有功,但求无过"。

平时多积累一些基本的词汇和句型结构。先用它们单个的造句,造完后与书本上的例句对比;也可以模仿造句。通过所造的句子与例句的对比体会其用法。同一个词组多造几个,也是"一题多遍做"的方法。

单句练习完之后,开始把几个词汇、短语、句式放到一起,串联起来,自己组织情节,用意思组合它们,练习有意识地用它们表达思想。只有这种意识就在平时培养起来了,才能到考试时不会感到生疏。

关联词和短语。它们是词汇和短语中平时最应该多加练习的。它们本身没有实际的意义,但说话和写作中又必不可少。如:not only …but also…(不

但……而且……);both …and …(既……又……);neither … nor …(既不……也不……);because(因为); in a word(一言以蔽之); in brief(简而言之); however(然而); therefore(因此); on the contrary(相反); although(尽管); what's more(还有); firstly(第一点) secondly(第二点) thirdly(第三点)… ;at last(最后)等等。

表达观点的词汇和短语。这些可以使文章的表达不僵化死板。如:in one's opinion(在某人看来); in one's view(以某人的观点); to be frank(坦诚地说);generally speaking(总的说来); to one's surprise(令人奇怪的是); to the effect that…(大概意思是……); to one's knowledge that …(据某人所知……)

表达意思中常用的句式。这可以使行文流畅，说法更地道。如:It is well known that …（众所周知……）; It is said that …（据说……）; See it that …(请记住……);As a Chinese saying goes like that …(正如一句汉语谚语所讲……);when it comes to …(一提到……); Nothing could be further from the truth.(事实远非如此。)

当然,像上面的词组、句式有很多不胜枚举。

再教你一个不是方法的方法:英语写作一定要有备用的词汇、词组,作文中最好出现一些好的词组或词汇,如果你的词汇量不够,你也可以"急来抱佛脚",从考卷的阅读文章中摘取一些自己理解的大词、好的词组、好的句型(一般一张试卷里有三五篇阅读文章,涉及多个领域,你有足够的选择余地),然后仿照它们的用法,用上你平时练就的"连词造句"的本领,与你文章的意思联结套上。肯定能为你的文章增色不少。切忌不宜太多,100 来词的文章,总共十来句话,能有个两三句就够了。

我们想说的是,想提高英语作文水平,在初高中阶段应该注重万能词语的练习与掌握。有的老师讲,中高考前多背课文可以提高写作,我不同意,因为作文是用自己的话表达题目要求你表达的意思,而非课文的默写。因此,用最常用的词汇和句式做"联词造句"练习才是提高初级英语学习者作文水平的最佳途径。

方法六
学会思考,大胆仿造——走出"真人真事和亲身体会"的写作练习误区

"**感**人心者,莫先乎情"——白居易

"你的感情只要有一点儿不真实,读者一下子就会念得出来。所以要对自己真实,要把自己的真情实感写出来。" ——冰心

基于上面的说法,很多人得出结论:如何写出真情实感?写真人真事,亲身经历。

果真如此吗?

且看一个家长和孩子的事情:

一个孩子不会写作文,家长很是头痛,听说要想写出真情实感,须写真人真事和亲身经历。并且也有内行人士给出建议,要尽可能地让孩子多参加社会活动,这样会对孩子的写作有所裨益。暑假里花了 3 000 元钱,让孩子参加了一个旅游夏令营。实指望能对孩子的写作有所启发,至少对生活经历

是个丰富。孩子回来后，妈妈满怀兴致地让孩子谈谈感受。没想到的是，孩子一脸疲惫，说道："没意思。夏令营的组织者偷工减料，好玩的地方不让去，去的地方不好玩，无聊得很。"

妈妈听完，尽管心里不乐意，还是笑容满面地启发道："没关系，写篇文章吧，你就把你的真实感受写写就好了。"

"无聊透顶。没什么好写的。"

妈妈还是不死心地说："写写吧，不管什么感受，写写就行。"

"真的，除了觉得没意思，就是觉得上当。没什么好写的。"

妈妈实在按捺不住了，说道："你这孩子怎么这么不懂事。家里花了钱让你去玩，竟然换不出你写几句话。你知道吗，你不写点东西，就是浪费家长的血汗钱。"

这一句唠叨可惹恼了孩子，他马上反驳道："浪费？那也是你们浪费。我本来就不愿去，是你们逼我去的，反过来又赖我。以后，这种事情少找我。"
"咣"地一声关上门出去了。剩下妈妈在后面气得一个人流泪。

这是怎么了？为什么有了真人真事，也有了亲身体会，也写不出隔壁足不出户的孩子的"山水游记"呢？不是写"真人真事和亲身体会"就能写出真情实感吗？

其实，这个说法是错误的。写作中的真情实感与真人真事和亲身体会是两回事。

白居易和冰心说得都没有错，只是人们理解偏差了。他们说的是"真情"和"实感"。并没有说，真情和实感就是真人真事和亲身经历。人并不是只对真人真事和亲身经历才有真情实感。

后现代主义作家早就对这个问题有了表述：这个世界是由语言符号虚构而成的。你听到的、你看到的、你说的都不是真实的，都是别人用语言加工的作品。台湾作家李敖在 2000 年出版了他的长篇历史小说《北京法源寺》。此书曾很长时间内在图书销售排行榜上名列前茅。知道吗，他是在小说出版

5年之后的2005年9月21日才第一次来北京参观北京法源寺。从没有到过北京法源寺的作家，却把法源寺描写得绘声绘色，就是因为他的小说，台湾的很多人到了北京一定要去那里观光。他自己是这样说的：作家的本事就是把没有见过的事情写得活灵活现。

作品是作者运用语言技能对所见所闻进行加工后的产品。作品之所以感动人，不是因为作者写了真实的东西，而是因为作者运用语言演奏的旋律跟读者心弦的振动频率一致，产生了共鸣。所以人们经历了同样的事情，却有着不同的感受，加工出的产品也迥然不同。

语言的运用是一门技术。我们培养孩子写作，是在训练孩子的语言使用技能。所有的训练都是从道具开始。道具当然可以是假的。尽管道具越逼真，效果会越好，毕竟最后的结果还是由技术决定的。就像演戏一样。专业的演员（经过专业训练的人）有道具可以演好，没有道具也可以运用他们的技巧和技能（说出的台词和肢体语言）让人有身临其境的感觉。

语言运用的技术当然不宜从写"真人真事和亲身体会"开始。老师和家长给孩子留写日记的作业，很多时候孩子觉得无话可写、痛苦不堪。结果，要么敷衍了事，要么干脆写不出来。我们讲，写文章要有感而发。感人的事情当然不可能天天都发生，而日记确是要"日日有记"，怎么会不痛苦呢？

"影响教育"理念的实施口诀：正观念；讲方法；养习惯。

正观念：写作不是让人去追求写真人真事与亲身体会，而是让人学会抒发"真情实感"的表现技能。

方法：运用文学创作三字诀"抄、仿、造"。

抄——摘抄；仿——模仿；造——创造。从摘抄、模仿开始，领悟和体会语言的运用技巧和奥妙，最后到学会创造。具体做法：

第一步，"抄"词语，即连词造句。学会运用文学创作的基本单位——词汇。让孩子用自己脑海里的丰富想象去连缀好的词汇，从而揣摩词汇的运用法门（这一点前面已经讲过，此处不再赘述）。

第二步，"抄"名段，即连段成篇。与上面同理。只不过是把词语扩大成了片段。依然让孩子去用他们脑海里的丰富想象去连缀材料。教者引导他们去体悟美妙片段的妙处。

第三步，"仿"名篇。如果说前面的两种练习是对文学创作的要素的运用，这一步就是对名篇的结构布局的研究与学习。领悟到大师的匠心独运之后，去用大师的结构布局描写自己的故事——仿写。这个时候可以固定仿写某一个大师(自己最喜欢的作家)的作品。表现手法尽管很多，但某个人总会偏爱某几种。"仿"过几篇之后，自然会发觉这个人最擅长的手法，从而把这个人的写作路子摸清，进而掌握。然后，再寻其他大师的作品如法炮制。

仿写的文章，能有三分像大师的作品，就算不错的文章了；有五分模样，肯定让人刮目相看了；有七分相像，一定属于上上之作了。如果自己闭门造车，就是造上十年八载也未必有多大的成就。一个人的写作水平，不是取决于你练习写作多少篇文章，而是取决于你研究模仿过大师的多少篇文章。

第四步，"造"产品。"造"的过程是个融合的过程。把自己的故事用几位大师的手法表现出来，让人看不出出处时，就大功告成了。

养习惯。重复上面的动作，把读书——找寻自己钟爱的大师；仿写——体悟大师的独特匠心与匠术；创作——把学到的技术运用到自己的实践中去。简单的动作重复做，重复的动作用心做。

我们在"少年作家训练营"中，用上面的方法对学员进行训练。比如我们在训练学员如何把抽象概念具体化时，给出下面的材料让他们做仿写练习。材料：

......

有时候我抱怨为何没有出生在豪富或高干家庭，因为不甚宽裕的家不能满足我的种种欲望。可是现在我明白了，因为"爱"是无处不在的。"爱"是我复习迎考的日子中桌上的那杯醇醇的绿茶，"爱"是头顶骄阳站在考场外接我回家的父亲手中的遮阳伞，"爱"是为我精心准备各种食品的母亲额上的皱纹和鬓发中的白丝……爱，到底是怎样炼成的？有人说，爱是给予和奉献炼成的；有人说，爱是无微不至的关怀炼成的；有人说，爱是默默无闻的爱心炼成的；更有人说，爱是要什么就有什么的满足炼成的……是的，世界是千变万化的，疑问是层出不穷的，答案也是丰富多彩的。

……

（此片段选自 2000 年一篇满分高考作文《爱是怎样炼成的》）

文章中精彩之处在于把抽象的"爱"具体化了，并用一连串排比表达了出来——"爱"是我复习迎考的日子中桌上的那杯醇醇的绿茶，"爱"是头顶骄阳站在考场外接我回家的父亲手中的遮阳伞，"爱"是为我精心准备各种食品的母亲额上的皱纹和鬓发中的白丝……

以下是示例：

"爱"是炎炎夏日里汗流浃背后妻子递上的一杯沁人心脾的冰镇啤酒；

"爱"是天寒地冻的严冬里辛苦劳动后妻子煮的一碗暖到心里的热面汤；

"爱"是夏日里瞌睡的妈妈为孩子驱赶蚊虫的一扇一扇的凉风；

"爱"是遥居异国求学的儿子突然接到的来自妈妈的"孩子，今天是你的生日"的一个电话；

"爱"是汶川地震中一个妈妈用自己瘦弱身体顶着塌方的砖石时在手机里写的"宝贝，我爱你"的一条短信；

"爱"是自己比赛失败后万念俱灰时，爸爸口中"孩子，你做得非常棒"的一句鼓励的话语；

"爱"是生命的垂危时刻，身罹癌症病痛的父亲对必须远行的女儿说出的"放心走吧，孩子，我没事"的一句谎言。

……

像这样的话，太多太多。

爱是用语言技术表达出来的，而不是从真人真事和亲身经历里"憋"出来的。

下面是一个郑州叫王佳霖的五年级学生对上面这段"爱"的描写的模仿：

每个人都有自己的妈妈，每个妈妈都不一样。以前，我总是觉得自己的母亲很讨厌，直至今天，我才明白，这样的妈妈才是最爱我的人。

爱是什么？

爱是考试前桌上妈妈为我准备的那杯暖暖的奶茶。

爱是下雨天放学时妈妈手中为我撑起的那把伞。

爱是生病发烧时，妈妈抱我去医院的那双手。

爱是自己考砸了妈妈给予我的一句句的安慰。

爱是……

爱在身边，无不围绕着你，你只是自己没有注意。

到妈妈变得苍老，爸爸变得疲倦……

王佳霖小朋友在模仿完上面一段描写后，想起了妈妈平时对自己的诸般好处，越想越感动，于是又写下了下面的文章：

妈妈，我爱你

每个人都有自己的妈妈，每个妈妈都不一样。以前，我总是觉得自己的母亲很讨厌，直至今天，我才明白，这样的妈妈才是最爱你的人。

国庆期间，老师给我们布置了一项很特别的作业，其实，从 3 年级起每年都有，就是给母亲做一件事。不过，这次我一接到这个作业，我没有作什么心理斗争，就积极准备起来。写小纸片？没意思，不能表达真情实感，做卡片？太老套。我觉得还是口头表达更接近人意。

一天晚上，我找到母亲，对着她说：

"妈妈，我爱你！"

"今天是母亲节吗？"妈妈问。

"哦，不，5 月 12 日才是母亲节。"我回答道。

"是吗，那为什么要来说这个？"

"老师布置的作业。"

"哦，那就谢谢了。"

整个对话持续不到 5 分钟，就结束了。

为什么会这样呢，为了这次谈话，我足足想了半天。"妈妈老了，没有新意"我自我安慰道。可转念又想，我陷入了沉思，从小到大，妈妈为我付出了那么多，我却从来没有回报过她。即使是帮她洗洗脚，也是老师布置的作业。今天的"我爱你"，她只会把它当做一种作业看待，怎能激动得起来呢？

我的思绪飞到了 2007 年 5 月份的一个晚上……

我发高烧查不出病，呼吸道感染，已经快得肺炎了。妈妈晚上陪我去打吊针，凌晨 12 点了。我必须打得快点，但我打快就会晕倒，只好慢慢输一大瓶水和中瓶红霉素，我难受得哭了，妈妈在一旁安慰着我，这一幕感动了好几个值夜班的大夫和护士。他们一起陪着我，凌晨三点半了，我太困了。妈妈也疲倦了，只不过她没表现出来。最后妈妈搂着我，我进入了梦乡……

我突然间觉得，在这静静的夜里，世界好像只有我和妈妈两人，一种久违的爱在我心头荡漾，我在心里不由得唱起一首歌来：世上只有妈妈好，有妈的孩子像块宝，投进妈妈的怀抱，幸福享不了……

写作，其实是对思维和写作能力的训练，与演讲有异曲同工之处。我对这一点深有体会。如果没有写作，我对很多问题可能只有一个模糊的想法。坐下来动笔写，迫使自己必须把想法变成文字，而且还必须看上去具有说服力，这真的是一种很有益的训练。为了训练自己，有时候我会故意选择一些具有挑战性的题目，尝试着将想法写下来。以前的时候，自己写出来的东西只能自己"孤芳自赏"，现在有了 BLOG 这个平台，突如其来的奇思妙想，马上就可以公之于众，与众多的人一起分享。

让我们读一读英国前首相温斯顿·丘吉尔是如何看待写作的吧。

写作之愉悦

温斯顿·莱奥纳德·斯宾塞·丘吉尔

世上最幸运的人群,在我的心目中,世上唯一真正幸运的人群,是那些他们的工作同时也是他们身心的愉悦的人们。这个层次的人数量不大,甚至比人们想象得还要少。可能作家是该群体中的中流砥柱之一,至少在这个方面他们真正在享受着生命的和谐。在我看来,工作能否成为你身心的愉悦,是世界上的某个人群值不值得你拼死拼活地跻身于内的标志。那些人们太幸福了,他们在无比欢欣地抒发自己的想象,并从中找到了生存方式;他们劳动的每段时光都是享受;哪怕是必要的休息他们都觉得是不愉快地打扰;甚至他们把假期当做对他们享受的剥夺。所以他们经常招来别人的嫉妒,我对此毫不奇怪。一个人不管写得好还是坏,要说得多还是少,如果全力以赴地去写,他都将尽享作文带来的欢欣。在一个晴朗的早晨,有上四个钟头,清清爽爽安安静静,不为琐事相烦,备足上好的纸张,握一支吸饱墨水的笔——那才叫真正的幸福。思维完全沉浸到无比惬意的事情之中,哪里还有更多的奢望呢?外面发生什么事情有什么要紧?下议院随便爱做什么做什么,上议院也一样。世界各地的化外蛮夷可能又在犯上作乱;美国市场可能赔得掉了底;政府的无归偿期债券可能下跌了;也可能想参政的女权主义者人数又飙升了。一切无所谓。无论如何在这四个小时内,我要从这个毫无起色、治理无方的乱世中抽出身来,用想象的钥匙去打开那座"宝柜",所有无限美好的事物会从中滚落出来。

说起自由,尽管没有人真正自由,但你能说作者不自由吗?尽管没有人真正安全,但你能说作者不安全吗?他开拓事业的工具普通、廉价,根本谈不上什么商业价值。无须堆积如山的原材料,无须精密的仪器设备,无须人畜侍奉两旁。

他的职业除了自己别无他求,身外之物无关紧要。在他的王国里他是主宰,一切自给自足、泰然自若。没有人会觊觎他的财产,在交易中没有人会剥夺他所得的份额,没有人会强迫他去做违背自己意愿的事情,没有人会迫使他改变自己的选择。这支笔就是人类和民族的伟大解放者。锁链不能束缚他;贫苦不能扼制他;税收不能限制他思维的尽情挥洒;纵使泰晤士读书俱乐部对其所获的影响,充其量使其略感沮丧。不管他的作品是好是坏,只要尽力而为就幸福快乐。我之所以常把自己囿于政治生涯的捉摸不定和殚精竭虑之中,是因为我坚信,我拥有一线归处,我可以隐退到一个祥和富饶的国度,在那里没有恶人可拘,那里的人从来不会感到烦闷无聊,权力在那里完全没有用武之地。到那时,我才切实无比虔诚地感谢自己生来喜爱写作;到那时,我才真正感激每个时代和地域的所有英勇而大度的先人,他们通过艰苦卓绝的斗争换来了如今这毋庸置疑的手中之笔的自由驰骋。

英语是一门多么尊贵的语言啊!我们的母语丰富多彩,灵活且不失深邃,如果不能从中实实在在体验到喜悦,想写出一页文字都是不可能的。如果英语作家不能用英语,简单的英语,写出自己必须要说的话,或许你是因时因事——那东西可能不值一提。不去更深更广地研究英语,太可惜了!我不想攻击传统教育体制。一个对文学稍有一点点品味的人,绝不会漠视古希腊与古罗马的魅力。但是我要说,在我看来,我们现行的教育体制令人非常担忧。我们的体制一心扑到大量宝藏上,而这些宝藏只为极少数的权威和才俊所推崇,学生却勉强为之,不知所云,我认为这样的体制不好,甚至可以说不合理。对绝大多数到公立学校来就读的孩子而言,我们的传统教育从头到尾都是在教那些没有用处、毫无意义、不着边际的长篇大论。要是有人告诉我说,课堂是英语学习的最好准备,我的回答是,时至今日越来越多的学生完成了学业,然而这个预备阶段依然不完善,结果并没有带来我们承诺的任何好处。

有些人不是大学者却与古代的作家们在很大程度上相知相惜,是否可以说他们也真正掌握了英语呢?从院校毕业的年轻的绅士们中,有几个能够信手拈来一句拉丁诗句用上一用呢?这足以让沉睡墓中的古罗马人为之动容。又有多么可怜的几个人能写出几个优美的句子,或者一个半个的朴实无华、无误易懂的英文段落呢?尽管我必须听取其他人的说法,但我现在依然由衷地羡慕古希腊人。我很乐意看到我们的教育工作者们至少在一点上以古希腊语为榜样加以效仿。古希腊人是怎样把他们的语言变成以优雅简洁著称于世的语言表达典范的呢?他们把所有的时间都花在研究面前的语言上了吗?他们锲而不舍地钻研以前朝代的语言起源演变了吗?根本没有。他们就是研究了当时的希腊语,研究了他们自己的语言。他们热爱她,珍惜她,修饰她,扩展她。那就是古希腊语典范长存流芳百世的原因所在。我们的母语已经在现代世界里为自己赢得了一个无比强大的帝国。毫无疑问,我们至少可以向古希腊人学习这个经验,在教育的几年中抽出一定比例的时间多留意一门语言的学习,可能这门语言在未来人类发展的进程中扮演着举足轻重的角色。

我们须明白一点,作家永远能够尽其所能。他没有任何借口可言。伟大的板球手有不在状态的时候;有名的将军可能会在决战的前夕害上严重的牙疼病,也可能赶上自己的队伍是一群乌合之众;海军上将也可能会晕船——我就是其中之一,不过我还是能够很满意地处理那种偶发事件;鲁宾逊得过黏膜炎;哈肯史密德也有感冒的时候。对于做演讲的人而言,光思维良好和真实还不够,还必须敏捷。速度是演讲者的生命所在。有感而发更是雄辩健谈的标签。所有这些各种各样的行动力都需要实施者自身在某个特定时期处于最佳状态,但这种状态最终可能还要受制于所处的环境,不是由自己说了算。作家的情况就不是这样了。他总是在万事俱备之后才示于众人,也总是能够处于最佳状态。他的成功不是靠某一天的某个最佳时机,因为他完全可以集合起 20 天内的各个最佳时刻。他没有任何借口可以不全力以赴。写出伟大的作品是他的机遇,也是他的责任。有个人的名字我记不清了,他曾经说过这样的话:"语言是唯一永恒的东西。"我一直认为,那是一种透彻的思想。由人力植入石头中的最耐久的铭文,最坚固的权力丰碑,最终也会化作尘土,然而,那些娓娓道来的话语,那些对人类转瞬即逝的灵动思想的表述,不会像过去的回音一样会随风逝去,也不会像考古得来的古玩和古老的遗产一样会腐朽破败,而是拥有一种生命和力量持久地新鲜和强大;有时候,那些话已经远远超越了刚刚说出时的意义,它们跨越了三千年的历史鸿沟,在今天为我们点亮了世界。

The Joys of Writing

By Winston Leonard Spenser Churchill

The fortunate people in the world—the only really fortunate people in the world, in my mind—are those whose work is also their pleasure。 The class is not a large one, not nearly so large as it is often represented to be; and authors are perhaps one of the most important elements in its composition。 They enjoy in this respect at least a real harmony of life。 To my mind, to be able to make your work your pleasure is the one class distinction in the world worth striving for; and I do not wonder that others are inclined to envy those happy human beings who find their livelihood in the gay effusions of their fancy, to whom every hour of labor is an hour of enjoyment, to whom repose—however necessary—is a tiresome interlude, and even a holiday is most deprivation。 Whether a man writes well or ill, has much to say or little, if he cares about writing at all, he will appreciate the pleasures of composition。 To sit at one's table on a sunny morning, with four clear hours of uninterruptible security, plenty of nice white paper, and Squeezer pen—that is true happiness。 The complete absorption of the mind upon an agreeable occupation—what more is there than that to desire? What does it matter what happens outside? The House of Commons may do what it likes, and may the House of Lords。 The heathen may rage furiously in every part of the globe。 The bottom may be knocked clean out of the American market。 Consols may fall and suffragettes may rise。 Never mind, for four hours, at any rate, we will withdraw ourselves from a common, ill-governed, and disorderly world, and with the key of fancy unlock that cupboard where all the good things of the infinite are put away。

And speaking of freedom is not the author free, as few men are free? Is he not secure, as few men are secure? The tools of his industry are so common and so cheap that they have almost ceased to have commercial value。 He needs no bulky pile of raw material, no elaborate apparatus, no service of men or animals。 He is dependent for his occupation upon no one but himself, and nothing outside him that matters。 He is the sovereign of an empire, self-supporting, self-contained。 No one can sequestrate his estates。 No one can deprive his of his stock in trade; no one can force him exercise his faculty against his will; no one can prevent him exercising it as he chooses。 The pen is the great liberator of men and nations。 No chains can bind, no poverty can choke, no tariff can restrict the free play of his mind, and even the "Times" Book Club can only exert a moderately depressing influence upon his rewards。 Whether his work is good or bad, so long as he does his best he is happy。 I often fortify myself amid the uncertainties and vexations of political life by believing that I possess a line of retreat into a peaceful and fertile country where no rascal can pursue and where one need never be dull or idle or even wholly without power。 It is then, indeed, that I feel devoutly thankful to have been born fond of writing。 It is then, indeed, that I feel grateful to all the brave and generous spirits who, in every age and in every land, have fought to establish the now unquestioned freedom of the pen。

And what a noble medium the English language is。 It is not possible to write a page without experiencing positive pleasure at the richness and variety, the flexibility and profoundness of our mother-tongue。 If an English writer cannot say what he has to say in English, and in simple English, you may depend upon it—it is probably not worth saying。 What a pity it is that English is not more generally studied! I am not going to attack classical education。 No one who has the slightest pretension to literary tastes can be insensible to the attraction of Greece and Rome。 But I confess our present educational system excites in my mind grave misgivings。 I cannot believe that a system is good, or even reasonable, which thrusts upon reluctant and uncomprehending multitudes of treasures which can only be appreciated by the privileged and gifted few。 To the vast majority of boys who attend our public schools a classical education is from beginning to end on long useless, meaningless rigmarole。 If I am told that classes are the best preparation for the study of English, I reply that by far the greater number of students finish their education while this preparatory stage is still incomplete and without deriving any of the benefits which are promised as its result。

And even of those who, without being great scholars, attain a certain general acquaintance with the ancient writers, can it really be said that they have also obtained the mastery of English? How many young gentlemen there are from the universities and public schools who can turn a Latin verse with a facility which would make the old Romans squirm in their tombs。 How few there are who can construct a few good sentences, or still less a few good paragraphs of plain, correct, and straightforward English。 Now, I am a great admirer of the Greeks, although, of course, I have to depend up-on what others tell me about them, —and I would like to see our educationists imitate in one respect, at least, the Greek example。 How is it that the Greeks made their language the most graceful and compendious mode of expression ever known among men? Did they spend all their time studying the languages which had preceded theirs? Did they explore with tireless persistency the ancient root dialects of the vanished world? Not at all。 They studied Greek。 They studied their own language。 They loved it, they cherished it, they adorned it, they expanded it, and that is why it survives a model and delight to all posterity。 Surely we, whose mother-tongue has already won for itself such an unequalled empire over the modern world, can learn this lesson at least from the ancient Greeks and bestow a little care and some proportion of the years of education to the study of a language which is perhaps to play a predominant part in the future progress of mankind。

Let us remember the author can always do his best。 There is no excuse for him。 The great cricketer may be out of form。 The general may on the day of decisive battle have a bad toothache or a bad army。 The admiral may be seasick—as a sufferer I reflect with satisfaction upon that contingency。 Caruso may be afflicted with catarrh, or Hacken-schmidt with influenza。 As for an orator, it is not enough for him to be able to think well and truly。 He must think quickly。 Speed is vital to him。 Spontaneity is more than ever the hall-mark of good speaking。 All these varied forces of activity require from the performer the command of the best that is in him at a particular moment which may be fixed by circumstances utterly beyond his control。 It is not so with the author。 He need never appear in public until he is ready。 He can always realize the best that is in him。 He is not dependent upon his best moment in any one day。 He may group together the best moments of twenty days。 There is no excuse for him if he does not do his best。 Great is his opportunity; great also his responsibility。 Someone—I forget who—has said: "Words are the only things which last for ever。" That is, to my mind, always a wonderful thought。 The most durable structures raised in stone by the strength of man, the mightiest monuments of his power, crumble into dust, while the words spoken with fleeting breath, the passing expression of the unstable fancies of his mind, endure not as echoes of the past, not as mere archaeological curiosities or venerable relics, but with a force and life as new and strong, and sometimes far stronger than when they were first spoken, and leaping across the gulf of three thousand years, they light the world for us today。

"少年作家训练班"之反思

2009年1月10日下午出席了"少年作家训练班"的毕业典礼派对。孩子们的表现令人非常满意。在表演节目时，每个孩子积极踊跃，落落大方，可以看出孩子们完全处于心情"放松"与"放开"状态。

晚上，一起吃饭时，大家还沉浸在训练班的成功喜悦中。这次训练班的主讲老师之一王彩虹老师突然说道："王老师，我们必须要反思和总结一下。在我们这两个月内，仅

仅七次课，为什么孩子的进步如此之大。就拿我的女儿关欣来说，在某英语班里学习了三年也没有这么大的改变。"

"确实应该，也非常有必要做一个总结。那么我们就来一起列举一下关欣和其他孩子在哪些方面取得了进步，这样就可以逐一分析出进步的原因。"我回应道。

王彩虹老师说："第一点：写作能力有了明显的提高。胡君萍老师的女儿刘欣雨就曾向胡老师说过：'我现在写作文跟以前不一样了。以前老师一让写作文，我不知道该怎么写，都是赶紧找一篇作文稍作改动一交了事。现在我拿到作文题就可以写出几百字来。会写了，也愿意写了。'王婧一和其他几个孩子都有这样的感受。"

我以为原因有下几个方面：

首先，写作是一项技能。

英语中有句话：Practice makes perfect.（实践造就完美。）技能一定要进行训练，也就是说，一定要有量的保证。回想一下，学校里每周只有一次作文课。在作文课上，老师的讲解时间比较短，以学生写为主。平时留的日记和写作作业都是由学生自己来做。小学孩子的学习主动性相对来说又比较差，因此，他们平时对写作的训练不但少，而且只是低层次、低效率地重复——或勉强凑字敷衍，或东拼西凑应付。

而在训练班里情况就大不相同了。每次课的上半堂是"联词造句"，这让孩子能打开想象，更重要的是培养孩子的"用词意识"——主动地去把最近学到和见到的词汇运用到自己的写作中，从而把新的词汇以"意象"而不是以"文字"的形式存入大脑中，丰富了大脑中的"词库"，同时也坚定了"我能写"的信心。下半堂课是小说创作训练。孩子们在老师布置的场景中，运用老师讲授的写作技巧展开创作。这种有目的地写作训练当然能提高训练效率。

另外，每次让孩子把自己的作品读给别人听。这一点更值得我们注意，因为对于听众来讲，这是一个绝佳的学习机会。记得关欣（小学二年级学生）

最早在自己的小说中提到了英国的"黄金群鸭"，还把自己读到的植物学的知识运到了自己的小说里面。胡君萍老师在点评时说："同学们完全可以把自己了解到的科学知识和趣闻轶事巧妙地移植到自己的创作中。"孩子的写作思路一下被打开了。之后，杨雨蒙同学就把古希腊神话里俄狄浦斯用谜语计杀"狮身人面怪"斯芬克斯的谜语故事放到了自己的《小鸭寻宝记》中，受到好评。后来，朱星瀚把"脑筋急转弯"的解谜过关情节穿插进了自己的故事里。连恩泽同学在自己的小说里设计了小鸭豆豆在池塘遇险后智胜鳄鱼安全脱身的故事……智慧相互感染，思想彼此碰撞；妙处大家借鉴，劣处自己摒弃。这是一种很好的集体学习方式。

其次，"仿写"功不可没。

第二个月里，每次上半堂课的"仿写"训练能使孩子们直接"问道"高手。写作练习者一上来就可以踩着写作"高手"甚至"大师"的足迹先行上一程。再一下笔，即便不能写出"大师"的惊世之作，也能把文章写得有模有样，不至于"一出手"让人小瞧。关于"仿写"的诸般做法及好处，在"写口"一章有大篇幅地阐述，此处不再啰嗦。

所以孩子写作能力的提高迅速是自然而然的事情，这不只是提高，还是一种认识和能力上的"飞跃"。

王彩虹老师说："再有，孩子们的读书热情也自然会大大提高。"

这一点是自然而然的。每节课结束时的作业，填写"我爱读书"记录表。在里面有孩子最近一段时间内所读书籍的名称，以及从书中摘录的好词好句。为了完成作业，孩子的读书数量要有所增加。此外，训练班里的联词造句所使用的词来自那些摘录的词汇，老师又要求孩子要学会打开思路，大胆借鉴、移植其他作品里的素材进行自己的创作。这使孩子的读书不再是"为读书而读书"，而成为"为用而读"，又能"学以致用"——进入一个读书与写作的良性互动之中：读书是为了后面的创作需要；创作又成了读书的动力。

王彩虹老师又接着说："第二点：点燃了孩子的写作热情。还是以关欣为例吧。有一次我们全家出去购物，刚出超市她就吵着赶紧回家，我问她为什么，她说构思了一首诗，需要赶紧回去写下来。前几天的一个晚上，她都已经上床要睡觉了，突然吵着要起床。说自己有一首好诗需要马上写出来。我说明天吧。她说不行，第二天会忘掉。她爸爸已经睡下了，又穿好衣服陪她作诗。这也是在参加训练班之后发生的事。班里别的孩子的家长也反应孩子回家后愿意写东西了。"

我的观点：文学创作是一项可以令人"上瘾"的活动。

"瘾"是一种来自人意识深处的冲动。这种冲动让人无法抑制，需要尽情宣泄。释放完之后，身心产生完全放松的释然的快感，甚至伴随着"疲惫感"或痛感。但对于经历的人来讲，过程中拥有的是一种莫可名状的愉悦，或称之为"极乐"。吸毒如此，酗酒如此，玩电子游戏如此……

令人"上瘾"事情一般有以下几个特点：

一、完全沉浸在个人情感世界中

我曾听一个"瘾君子"说起，他每次注射完药物后最喜欢的事情是，找一个屋子，把门反锁，把窗帘拉上，在黑暗里静静地躺着，静静地享受那种"飘"的感觉。

喝酒到一定程度后，有的埋头大睡，有的大哭大笑大吵大闹，因为这样可以把所有的忧愁和烦恼一起抛到脑后，尽管酒醒后有头痛等不良反应，但情感上得到了宣泄。

观察一下电子游戏的"玩家"，在操控自己扮演的"角色"时的反应，时而因为胜利而欢呼，时而因为遇险而惊叫，时而因为"称王"而面有得色，时而因为失败而拍案怒吼，现实生活中的各种喜怒哀乐他们能够体验，现实生活中没有的称王称后，血腥屠杀的快感他们也能领略，非常"刺激"。

二、意念里彻底放纵，不用考虑任何后果

吸毒后的"飘"是什么感觉，有人说是一种无法用语言形容的舒服，也有人说是一种"想什么就有什么"的"太虚幻境"。本人没有经历不得而知，但肯定是一种可以以生命去交换都在所不惜的"美妙"。

酒后很多人胆子突然变大，失去理智，所以经常有人"酒后乱性"，做出了酒醒后悔的事情。

电子游戏的玩家在"虚拟世界"里为所欲为。现实生活中无法得到的感觉——很多人类原始的本能欲望，在那里都能得到满足。在那里"一切都可能发生"，而且"一切又都能重来"，极大地刺激着人的意识，让人们乐此不疲。

当人们进入到一个完全由自己主宰，自己是一切规则的制定者，自己就是"上帝"的世界中时，怎么可能不为之疯狂呢。

三、包含自己的大量劳动越多，"瘾度"越大（药物刺激除外）

人们做事后的成就感大小跟他们做这件事情时付出的努力成正比，努力越大成就感就越大。吸毒和酗酒等用药物刺激感官例外，我们称之为"化学刺激"。电子游戏和赌博等游戏类项目，我们称之为"物理刺激"，都属于此类。

游戏里的"经验值"和赌博中的"筹码"就是量化的劳动量。"玩家"是为了获取更多的"积分"，或者捞回更多失去的"积分"而继续下去。

四、内心极大的满足

这也是"物理刺激"类活动令人"上瘾"的原始驱动力。

追求"物质刺激"可以让人找到心理满足，但物质上的满足是受到很多因素限制的，所以这不足以让每个人找到感觉。也正是因为这个原因，往

往很多物质上得到极大满足的人也会突然失去感觉，最后剩下的是"空虚"和"遗憾"。

而"精神刺激"的"内心满足"却是不受任何因素的限制的。电子游戏的"虚拟世界"里，只要"付出的劳动"量够多(由游戏版主认可)，"一切都可能发生"。如果失败了也没有关系，"一切都可以重来"。这样玩家又燃起了希望，被吸引着再接再厉。

五、一旦开始，就会甘之如饴

这一点就不用说了。

文学创作兼具了"化学刺激"和"物理刺激"上瘾类活动的特点：

(一)完全沉浸在个人情感世界中

诸如作诗、写小说、散文等等文学创作活动中，作者无不是完全沉浸在自己的个人情感世界里，恣肆挥洒驰骋。

悲伤时，他可以将体内的伤感化作串串字符，春蚕般倾吐所有的不快。大哭一场再写，抑或写完大哭，还是边哭边写一切由你。

开心时，他可以把心中的快乐谱成甜蜜的曲子，用笔轻快地记录下来以便让友人或未来的自己一同分享。

愤怒时，他可以把一腔怒火铸成一发发文字炮弹，向着敌人猛烈地射击，把可憎的一切轰塌粉碎。

振奋时，他可以把怦怦的心动转换成声声战鼓，酣畅淋漓地挥舞鼓槌，为自己加油呐喊。

……

(二)意念里彻底放纵，不用考虑任何后果

我们看看英国前首相丘吉尔是如何歌颂写作的人的吧！

……

在他的王国里他是主宰，一切自给自足、泰然自若。没有人会觊觎他的财产,在交易中没有人会剥夺他所得的份额,没有人会强迫他去做违背自己意愿的事情,没有人会迫使他改变自己的选择。这支笔就是人类和民族的伟大解放者。锁链不能束缚他;贫苦不能扼制他;税收不能限制他思维的尽情挥洒;纵使泰晤士读书俱乐部对其所获的影响,充其量使其略感沮丧。不管他的作品是好是坏,只要尽力而为就幸福快乐。我之所以常把自己圈于政治生涯的捉摸不定和殚精竭虑之中,是因为我坚信,我拥有一线归处,我可以隐退到一个祥和富饶的国度,在那里没有恶人可拘,那里的人从来不会感到烦闷无聊,权力在那里完全没有用武之地。到那时,我才切实无比虔诚地感谢自己生来喜爱写作;到那时,我才真正感激每个时代和地域的所有英勇而大度的先人,他们通过艰苦卓绝的斗争换来了如今这毋庸置疑的手中之笔的自由驰骋。

……

(三)包含自己的大量劳动

每一个作品从选材、立意,到构思、成文,作者一定会倾注大量的劳动,这一点无须多说。

(四)内心极大地满足

每一篇作品都会给自己带来巨大的成就感,内心得到巨大的满足。因为不论作品好坏,作者都会敝帚自珍。有句俗语说得好:"金娃娃,银娃娃,赶不上自己的土娃娃";林语堂先生曾戏称:"文章是自己的好,老婆是人家的好"等等,无不道出作者对自己作品的偏爱。

越是爱写的人,写作的冲动就越强烈,对写作的"瘾"就越大。一旦有了想写的东西,他们就会像发了"毒瘾",上了"酒瘾",有了"网瘾"那样,就要马上开写,如果不能马上做到,就会出现"六神无主"、"心不在焉"、"神神叨叨"等症状。只要给了他笔和纸或者坐到打字机前,他可以不寝不食、心无旁骛地直到把所有倒空。我想酷爱写作的人对我这里的说法一定会"余心有戚戚焉"。下面我们看一个对文学创作"上瘾"到痴迷一生不能自拔的人吧。

1830 年 12 月 10 日，在美国马萨诸塞州安贺斯特（Amherst, Massachusetts）的一个富有家庭里出生了一个小女孩。她只受过两个学期的教育，就开始在家读书自学。20 岁前的一天，她读了一本诗集，从此喜欢上了写诗。

　　有一天，她把自己写的一首诗给一位小有名气的诗人看，结果那个诗人把自己的诗贬得一无是处。从那之后，写过的诗再也没有给别人看过。之后，她变得更加孤僻，最后甚至不肯接见大多数访客，也不到隔壁哥哥家去拜访。她就这样在孤单和遭到周围众人的不解和误会中度过了一生。

　　1886 年她与世长辞。人们在收拾她的遗物时打开了一个上着锁的箱子，里面珍藏了 1 800 篇诗稿。她的诗让我们得以分享她深刻的思维：那关于死亡、永恒、自然、爱与诗的哲学。她用自己独特的形式写出的诗篇，向后人展示了一个身体内燃烧着"熊熊烈火"的生命对爱的执著和渴望以及对生命深沉的反思。

　　她就是美国文学史上最伟大的诗人之一，艾米莉·狄金森。

　　文学创作之于作者恰如香烟之于烟民。

　　人在刚开始接触吸烟时，或是为了故作潇洒，或是为了宣泄痛苦（如失恋、失利、失落等），或是为了外交公关。这些都是心理满足，绝非生理上的需求。事实证明，没有吸烟的习惯上面的事情同样可以度过，甚至做得更好。众所周知，吸烟久了才会"上瘾"，并且时间愈久对它的依赖愈重，但也并非不可以戒掉。烟民开始吸烟时是吸给别人看，久了以后才是自己享受。

　　写作亦然。开始写作可能是为了"交公差"，也可能是为了"追时髦"，还可能是为了"记录过去"等等，但，不论什么原因都不是生理需要。写作一段时间后，就会发现写作已成为一种"心理依赖"。日子越长，这种依赖越重。写作开始时是写给别人看，但到后来是写给自己陶醉。

这样分析来,孩子写作"上瘾"——如关欣的半夜诗兴大发,不写不快是非常正常的事情了。不只关欣,训练班里朱星汉同学也有如此的反应,这是写作的魅力使然。

王彩虹老师又说:"最后一点也是最重要的一点。首先所有的孩子都特别愿意来参加这个班的学习,然后每一个孩子都把在全班同学面前的演讲和表演当成了最大的快乐。

"在今天的派对上每个新的节目单元开始时,关欣都争着第一个上去表演。这在以前是没有的。在我们的训练班之前,每次我们与关欣的老师见面后谈完话分别时,我让她给老师说再见,她都是低着头从嗓子里挤出一丝声音。而现在变了,能够看着老师的眼睛大声说再见了。我女儿在一家挺知名的外语培训机构学习英语三年了。那个机构的英语课堂非常活跃,很多孩子都积极主动回答问题,但关欣就是一个例外。三年来没有大的变化,而在班里两个月就判若两人了。

"王婧一跟关欣是同学,也是个性格内向,不敢在大伙面前说话的孩子,还非常不喜欢写作文。从刚开始来上课时的表现你该能看出来。但这次是她自己主动请缨要做毕业典礼的主持人的。这次主持也做得非常成功。连主持稿都是自己写的。

"还有曾嘉威和张子樱同学跟上面的情形类似,而他们现在的变化让孩子的父母非常诧异。

"这深层次的原因我们有必要好好探讨。"

我认为,这是因为我们上课的形式和评估体制的结果。我们的方式是"分组对抗赛"的形式。"太阳队"和"火箭队"。每队有自己的队旗、队徽、队呼、激励手势,我建议以后还要有自己的队歌。这是"团队文化。"当然一切团队文化都是由各自队员自己建立。

我们先来分析一下关欣所参加的英语班的授课模式没有让关欣发生改变的原因。

在英语班里,尽管老师也经常让孩子分组做游戏,但每次游戏都分成若干个组(两个人或多个同学一组);更多的情况是老师提问大家竞争回答。在这种"教学模式"里,一定是以同学们间"竞争"为主。"竞争"中,参加者是通过战胜对手取得胜利而获得"优越感",而其他大多数人获得的是"挫折感"或"失落感"。由于人的能力是有差别的,所以能够获取"优越感"的总是相对固定的少数几个人(或组)。根据"马太效应"(Mathew Effect)的"富者愈富,贫者愈贫"(To those who have, more will be given; from those who do not have, even what they seem to have will be taken away。)原理,象关欣、王靖一、曾嘉威、张子樱等同学,刚开始时由于不敢发言,或者发言的结果不好,而逐渐被敢发言、发言结果好的同学把发言的机会"夺"去,最后完全没有了机会。所以尽管老师也鼓励弱势群体,但由于他们收获的"挫折感"和"失落感"远远大于获得的"安慰"。 最终仍会因为"挫折感"越来越强,导致丧失兴趣。

而"对抗赛"不同于传统的上课"奖励先进,鼓励后进"的模式,而是"有竞争也有合作;以合作为主,竞争为辅"的模式。由于比赛只是两个队在对抗,致使胜利的概率成了50%。每个同学的努力结果是为"团队"积分,并且对抗的结果只有在每节课的最后才揭晓,即使某一个环节出了问题,还可以通过下一个环节进行弥补,所以在团队内部"合作"成了主流。当某个队员表现不佳时,其他的队员对他不是"讥笑"、"孤立",而是"帮助"、"呵护"。于是就出现了杨雨蒙辅导刘欣雨的写作;王佳霖为张子樱献计;关欣鼓励王靖一上场好好表现等等互帮互助的场面。

队旗、队徽、队呼、激励手势、队歌的团队文化建设,让孩子有了归属感,当然孩子愿意来上课了;在比赛中,都是在为"集体荣誉感"而努力,不存在个体的"挫折感",自然也不会有个体被冷落,"没有一个同学被落下",这不正是美国的布什总统在国会咨文里对美国教育政策的呼吁("No child behind。")吗?

精诚合作的目的是取得最后本队"竞争"的胜利。所以孩子都尽自己的最大努力地去读书,认真保证作业质量(作业也是积分的),演讲时要声音洪亮还要声情并茂(每一项都有分),他们不仅仅是在为自己做,更是为团队在做,很自然地往自己的背上放了"责任感"和"使命感"。

　　我们的课堂不是少数"佼佼者"潇洒击败普通学生的竞技场,而是每个参与者与自己的队友携手尽情展示自己的大舞台。所以我们的收获是情理之中的事情。

人类是在"玩"中发现了探索真理的方法和途径。

——王　飞

特质四

会玩——对热爱的事情执著追求的能力

"玩"是一种忘我的状态。我们经常可以看到孩子玩自己的玩具时，玩得废寝忘食，玩得浑然忘我，乃至忘了整个世界；我们曾耳闻有的孩子在游戏机旁几日几夜地沉浸到里面，直到身体无法承受；我们也曾听说牛顿在实验室里经常通宵达旦，需要助手提醒他吃饭和睡觉的时间；我们每个人都有自己的娱乐方式，它使自己能游离出现实而得到极大的休息……这都是"玩"。"玩"绝不是不认真，恰恰是一种全身心的投入。

"玩"也是一种学习的方法。人正是在这种投入的状态中，"玩"出了认知，"玩"出了门路。孔子曰"玩索而有得"；美国莱特兄弟在玩滑翔中做出了飞机；德国的贝尔在玩无线电中发明了电话；国学大师林语堂说，学问、思想是在燕居闲谈时切磋出来的……人类在"玩"中开始思考，同时也是在"玩"中学会了思考。人类何尝不是在玩中发现了整个世界呢？

"玩"是一种"学乐交融"的境界。明代的王心斋曾写过一首《乐学歌》："乐是乐此学，学是学此乐。不乐不是学，不学不是乐。"他把学和乐视为一物，的确是极好的见解。

"玩"也要会玩。方法就是：将兴趣专业化，培养"研究"的习惯。

既然是玩，
就要玩出些知识来

杭州的一位家长如是问：

我儿子要升五年级了，特别爱读武侠小说，并且醉心于自己写武侠小说。老师说，这样做会耽误学习的，该怎么办？是不是要把这一嗜好给他停掉呢？可是也有人说，这是件好事，我们都不知道该怎么办了。

我的观点：这是件好事，要鼓励，更重要的是加以正确地引导。

阅读武侠小说是很多男孩和女孩在青春期的一个钟爱。少男少女们在里面能找到自己的偶像，找到那种中国传统文化里的"侠义精神"——大仁大义（中国成年人口中常说的为人要仗义，处朋友要义气等等正是这一精神的体现，这应该就是我们常说的文化积淀了吧）；同时，少年人的汪洋恣肆的想象，与天真烂漫的理想都可以在那里面得以实现（武侠小说多数都是少年人经历了多灾多难的童年后，通过艰苦卓绝的努力，习得了通天彻底的武功,最终成就了大事业,实现了人生的终极梦想)。其实这样的故事受欢迎又何止在孩子的武侠世界呢。美国前总统艾森豪威尔曾有过类似的说法,他说,不论种族,不论文化背景,不论地域,不论时代,都喜欢听一个故事:一个人在遭遇了千难万苦之后,奋而抗争,最后获得了成功。前一段热播的韩国的电视剧《大长今》、军人题材的《士兵突击》等等励志故事,无一例外。孩子们之所以喜欢武侠因为多数故事都是在讲述自己同龄人的奋斗故事。再有,当今盛行的网络游戏,也都是这样一个历程:虚拟的人物,也都是要自己从一个小角色,经过对网络里事件的参与(或杀怪,或过关)最终胜出,从而使自己的内心得到极大的满足。

在精神世界里,人的任何在现实中不能实现的理想和抱负都可以得以实现,精神重负得以解脱,心中郁结得以释放。当人类永生的奢望不能得以实现时,当人类对于现世的苦难无能为力时,成年人去求助于宗教。人类对于梦想的追求从没有停止过。在历史的长河中,人类以"有涯"之生命,去搏斗"无涯"之造化,遭遇挫折自然会远远多于所谓的成功。用想象来安慰自我,以便自己能以更大的勇气和力气去面对未来的挫折和无奈,何错之有?可歌可泣呀。剥夺一个人的理想和想象是多么残忍的事情啊。

当然,让孩子只是停留在简单的打打杀杀的故事里,与现实完全脱离是不行的。引导他们去学习更多对今天有用的科学文化知识就成了我们"教育者",即家长和老师的任务了。

孩子爱写武侠,这是件天大的好事。说明他们已经从被动的欣赏进入了"主动参与"阶段。事实证明:主动参与比被动陶醉更能让人更大程度地享受过程。因此,编故事比听故事、做游戏比听说教有更大的快感,因为在这当中,人的想象能得以更大程度的实现。所以,对于只是爱读武侠的孩子,一定要引导他们去自己创造。对于开始去试着创造的孩子,要引导他们朝着专业的方向走。

要让孩子对武侠小说不能只停留在"读"和"写"的初级阶段,要上升到

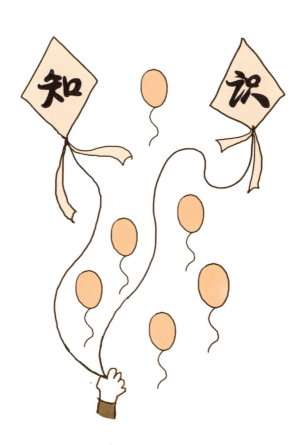

"欣赏"与"创作"的层次。

读武侠，要读好的作品，从中体会作者的各种写作技巧、故事套路、谋篇布局、文化内涵等等。当把这一切"门道"读出来之后，自己再去创作就有路可循了。自己去创作时，虽不见得能写出精品，但一定可以写得有模有样。

第一点：一个武侠作家要有足够的历史知识。想写出一部有点样子的"武侠作品"，不是简单几个人物，打几场架就完了。聪明的作者都会把人物和"打架"放到一定的历史背景里去，这样做可以增加故事的真实性；作者还可以借此"投机取巧"。作者可以不必花太多的时间去虚构众多的人物，很多的场面可以根据历史文献，按照现成的历史线索根据自己的想法加上自己的想象进行丰富再创作。我把这种方法叫做"借尸还魂"。经典范例有很多。

梁羽生先生最是具有代表性。他的大多数故事都是这么创作的。《江湖三女侠》当中，就是借用了清史"文字狱"中的受害者大儒吕留良的事件，虚构出了他的女儿女侠吕四娘的故事；还利用清帝雍正正值壮年却神秘死去的历史事件，说成是被吕四娘为父报仇将之杀死；借助这一段历史巧妙地把自己虚构的人物唐晓澜、冯琳、冯瑛与雍正之间的感情纠葛融入到里面。根据清朝才子纳兰容若、将领楚昭南的故事增进去自己虚构的凌未风等人物，创作出了《七剑下天山》；根据唐代武则天的宫廷故事，创作了《女帝奇英传》等等。

金庸先生自己声称不爱用历史背景写故事，我们依然发现：《碧血剑》中的袁承志是明代抗清将领袁崇焕之子；用乾隆是汉人的野史资料创作了《书剑恩仇录》；用康熙清除鳌拜的故事在《鹿鼎记》杜撰出了脍炙人口的韦小宝；还把崇祯帝的女儿长平公主改造成了一代女侠"独臂神尼"……

这当中最具创意的还属黄易的《寻秦记》。他干脆就把一个香港特警项少龙放回了秦代，参与了秦始皇统一六国、《吕氏春秋》的编写、焚书坑儒等历史事件了；无厘头搞笑的是，把力拔山兮气盖世的楚霸王项羽居然说成是香港特警的后代，令人忍俊不禁。不止如此，他的另几部玄幻故事《成吉思汗》和《大唐双龙传》无一不是如法炮制。

孩子如果有创作武侠小说的欲望,我建议从这种方法入手。这种方法不但可以丰富自己的历史知识,还便于操作。一篇长篇武侠小说的整体布局,场面宏大,完全由自己完成,对于初级作者来说不是件易事,为什么不找一栋"大楼"(历史故事框架),然后展开想象去进行设计装修(去构思丰富小说的事件)呢?

家长的引导方法:鼓励孩子读史书。

首先肯定孩子的做法予以支持,引导孩子读精品,学会欣赏。然后,到书店买一本《中国白话通史》(该书我曾引导女儿去读,收效甚佳),让孩子先对历史有个概括的了解,然后从中选择"多事之秋",动荡时期,历史事件比较多,创作空间就会更大。

第二点:一个武侠作家要积累丰富的文化知识。每一部小说不单单是一个故事,那样就太单薄了。我们可以通过大师的作品来领略个中的奥妙。

金庸的小说之所以成为经典,自然除了侠义精神还有丰富的文化内涵与积淀,令人百读不厌,每次读都有新的收获。这是所有经典必备的一点。比如:《射雕英雄传》中的洪七公,此人平生两大爱好,一曰"武",二曰"吃"。在吃上的研究,金庸借助洪七公的口说出了"叫花鸡"的做法的每一个细节,讲述了南宋时期的宫廷菜肴的种类及做法,还有黄蓉为了让洪七公教靖哥哥"降龙十八掌",每天不重样地给七公做美味菜肴,每个菜的精细考究,绝对不都是作者的杜撰,一定是有案可查的;再如:《笑傲江湖》的"梅庄四老"对琴棋书画的见解,我最不忍释卷的是老四丹青生对葡萄酒的那番认识与见解,把世界"酒文化"嵌入当中,爱酒的人"品"了一杯"文化酒",大快朵颐。为了写出更好的作品,金庸研究了10年的佛经,因而他后期的小说里又充满了禅机。

黄易的《寻秦记》中,项少龙在纪嫣然的雅湖小筑之中与战国时代"先贤"们的辩论里,儒家的仁爱治国、韩非的法家学说、阴阳家邹衍的"五德始终学说"、近代的"三权分立"学说,都有所出现。由此可以看出,为写此书,作者一定曾对诸子百家的学说进行过一阵"恶补"。

古龙早期的作品中,对武打路数的描写也是传统的武侠路子——各种名目的武功名称,纷繁复杂的武术招式。他真正成熟,拥有自己特色的小说当是《多情剑客无情剑》、《楚留香》系列、《陆小凤》系列等等。这些小说摒弃传统的武打描写路数,不再大篇幅地武打场面描写,改为"一招制敌"、"不战而胜"、"手中无剑,心中有剑"等交战中心理描写,从而反衬出交战的激烈与惨烈。另外,故事情节悬念迭出、匪夷所思,绝不落入俗套。前者的灵感来自日本的武士小说《宫本武藏》,后者来自西洋的诸如柯南道尔的《福尔摩斯探案》之类的悬疑推理小说。"他山之石可以攻玉"。

一部非常流行的网络小说《鬼吹灯》,讲述的是一系列古墓探险的故事。当中除了故事跌宕起伏,还涉及到了很多的考古知识,古尸研究,使小说除了神秘之外,又平添了几分科学色彩,更加的严谨可信。如果作者不积累丰富的考古方面的专业知识又怎么可能写出这么受欢迎的作品呢。

家长的引导方法:鼓励孩子根据自己创作的故事的细节去搜集文化知识及常识。

引导孩子做个有心人,平时读书要面广一些。不能只读书不思考。要做"读书笔记",记录读到的小说中写的精妙之处;做"剪报",把未来可能有用的文献资料、视听资料、网络资料收集好。或边发现边用,或分类搁置,留待日后使用。其实所做的一切正是未来写论文的做法。高质量的四五十万字的博士论文是不可能熬上几个通宵就能拼凑出来的。都是这样边读书边学习,边搜集边整理,最后把这些材料与自己的观点融合而完成。这就是"学问之道"。

第三点:找出武侠的"老套路"。其实武侠小说看多了,不难发现当中的绝大多数武侠故事的共同手法。记得广播里曾有过如下"戏说"(虽说是戏说,但很有意思)。

武侠世界大观：

1. 孤儿的世界。大侠们"清一色"的都是"倒霉蛋"。在自己出世后没几天，父母及亲人死尽。不管仇敌多么的厉害凶残，总能被一个家奴给偷着送出。

2. 大侠一般都不是好"学生"。每个大侠很少是靠自己的刻苦努力成才。多数都是靠"百年老怪"传输内力，或吃个"火龙丹"、"毒蛇胆"、"大力丸"之类的东西后，一步登天。

3. 吃烧烤。大侠们一般不喜欢吃正常人喜欢的食物。都是躲到荒郊野外，找几根树枝烤野鸡，烤青蛙，烤田鼠。先不说不卫生，还不环保。没办法人家是大侠，与我们凡夫俗子当然不同。

4. 英雄会。少年大侠都爱凑热闹去出席"丐帮大会"、"杀狗大会"、"联合国大会"，在会上三拳两脚击败所有武术大家，名满天下。而会议结果往往是：虽然击败了普天下的武林高手，却被一个几乎不会武功的小女子（这女子就是他爱的人）一剑刺伤，之后草草了事。

5. 爱情故事更简单。天涯处处是芳草，我自独爱仇家女。

……

列出了十几条。武侠迷们看后会莞尔一笑。这也难免，其实展开故事情节的方法就这么几种，出现重复在所难免。只要能有动人的故事就够了。大师们都用的手法，初来乍到的新手们干吗不尝试着用一用呢。

家长的引导方法：给他一个"老瓶"让孩子装自己的"酒"。

第四点：长篇小说的写法：片段完成，整体拼放，反复修改。

创作长篇小说时，专业的作家，会在创作之前列出个大体的思路，然后边写细节边对照大纲。业余写手往往可以有个模糊的想法后就开始写，随着自己的想象往后续。金庸先生的好多小说在刚开始时是在《明报》上连载的。今天写多少就载多少，有时好几个小说同时写，根本就没有整体的安排，甚至有一段时间他出门在外不能写了，让别人替写（《天龙八部》中有一段就是由卫斯理写的，后来又由他自己补上了）。明天故事发展到哪里，自己都不知道，只知道今天这一段一定要写得吸引人，否则就没人读了。关于这一点，读者可以在《倚天屠龙记》里感受到。刚开始一大段写的是峨眉女侠郭襄与少年时张三丰的故事。写了一段之后，进行不下去了，干脆重敲锣鼓另开张，写起了张翠山与殷素素的故事。并且，你会发现，小说中很多个人物的出现前面都没有伏笔。很明显是想到哪里写到哪里。不过金庸先生这么多年没有写新的作品，一直在修订原来的作品。

家长的引导方法：鼓励孩子放下包袱，大胆去想，放开去写。写一段算一段。最后都完成后统一进行整理。我个人的体会：用电脑写作。你可以任意的改变写作的顺序，自由的删减内容。更便于日后在网络上，或出版社发行。

孩子有两项基本品质是要教育者培养的，一个是学习，一个是读书。读书是很好的学习，同时又是很好的学习方法。通过上面的例子，我想说的是，不论孩子现在喜欢什么，都要设法把这一兴趣引向更高的"追求"。追求的实现途径就是"学习"。学习是探索，探索自己喜欢的领域是最大的快乐，这是人的本性。探索的最直接的方法莫过于"读书"。通过读书可以向任何领域"渗透"。 就像是一滴滴的地下水，不论道路多么的曲折，都能顺着树的小小的根须，走向主根，走向树干，走出地面，直到树顶见到阳光。

从爱好向专业方向引导，查漏补缺，向更宽的领域渗透，培养读书的习惯，学会研究的方法，最终将他引向正规的学习途径。

把兴趣引向读专业书，请教专业人士。

既然是玩，
就要玩出健康向上的情趣来

郑州一家长在听完我的讲座后，谈起孩子目前的情况时，说道："我儿子小学四年级了，非常聪明，家长教育起来挺难。比如，他做错了事情后，我一着急就爱批评他，他马上说：'别喊，你不是听了赏识教育报告了吗，专家说要翘起你的大拇指，你做到了吗？'我好言好语他根本不听。我都不知道该怎么做了。

"他平时做事情不认真、不主动。每次只是到考试的前一段时间才急来抱佛脚，考试的成绩还不错，但不是特别优秀。我让他把精力多往学习放一些，就是不听，尽是搞闲篇。比如电脑。他整天催我买，我不答应，怕他玩游戏上了瘾更不学习了。尽管如此，他在学校还是电脑专家呢。学校上电脑课时，别的孩子有了处理不了的问题都来问他。他告诉别的孩子说我们家没有电脑，别的孩子都不相信。

"他还特别爱航模。一看到电视里关于航天的节目，马上来精神。航天动向、杨利伟、登月计划……他简直如数家珍，还多次要求我给他报航模班。我一直没有答应。我在想，要是能把这劲头放到学习上，肯定不用我操心了。有人也劝我该让孩子学习他感兴趣的知识，但我怕万一他沉迷于其中后，学习的事情就更不做了。我左右为难，只能跟他说，你什么时候把学习搞好了，我们再提学习航模的事情。真是不知道该怎么办了。"

　　我的主张是，尽可能地为孩子创造发展兴趣的条件——让他去学航模。学习的内容不尽相同，但治学的方法却是亘古不变。

　　首先，我祝贺这位家长，因为你的孩子是个非常聪明、有追求、有潜力的孩子。这样的孩子引导正确必成大器。衡量一个孩子是否将来会有所作为，只看他是否有特别感兴趣的事情，不论什么事情。这种冲动是未来做大事必备的原动力，是未来他追求自己的事业征途中披荆斩棘、一路坚持的保证。

　　家长担心孩子的兴趣会影响孩子的在校学习，肯定是觉得"航模制作"跟学习没有什么关系，如果孩子把大量的时间投入这些里面，会"玩物丧志"、"不务正业"。这种担心是可以理解的。但事情是不是我们想的这样，需要了解一下，没有调查就没有发言权。我本人也对航模不甚了了。于是在网络上搜到了以下几个关于"航模制作"的粗略的资料（各位家长，一定要学会运用现代科技的最伟大成果——互联网，在这里没有你找不到的，只有你想不到的，天下尽在指尖）：

遥控飞机

1. 翼展：750mm

2. 机翼面积 L7（sq.dm.）

3. 重量：200g

4. 电源：4.8V 400MAH

5. 遥控设备：FUTABA-2DR 或 PC-2DR（27MHz）

6. 遥控距离:>300M

7. 爬升速率:1m/second

8. 留空时间:>8 minutes

电动遥控飞机

1. 翼展:1020mm

2. 机翼面积:12(sq.dm.)

3. 全长:690mm

4. 重量:450g

5. 电源:7.2V 600MAH

6. 遥控设备:FUTABA-2DR 或 PC-2DR(27MHz)

7. 遥控距离:>500M

8. 爬升速率:2m/second

9. 留空时间:>10 minutes

电子遥控飞机

1. 翼展:750mm

2. 机翼面积:7(sq.dm.)

3. 重量:200g

4. 电源:4.8V 400MAH

5. 遥控设备:FUTABA-2DR 或 PC-2DR(27MHz)

6. 遥控距离:>300M

7. 爬升速率:1m/second

8. 留空时间:>8 minutes

电动遥控飞机

1. 翼展：1020mm

2. 机翼面积：12（sq.dm.）

3. 全长：660mm

4. 重量：480g

5. 电源：7.2V 600MAH

6. 遥控设备：FUTABA-2DR 或 PC-2DR（27MHz）

7. 遥控距离：>500M

8. 爬升速率：2m/second

看完之后还会觉得航模与学习无关吗？很显然，小小的航模里蕴藏着科学的世界，它必然与数学、物理学、航天学、电子学、手工制作等等学科领域相关联。在这么浩瀚的领域内孩子一定能学到很多的东西。

既然是玩，
就要玩出些名堂来

不管培养孩子的什么兴趣，最终目的都是让孩子掌握学习的流程与方法。我个人把学习方法，或者称之为"治学研究方法"，做了个抽象的概况如下：

学习（治学研究）的基本流程

1. 向专业问路——向专业人士、专业书籍求教，多问、多记笔记。

2. 记录思考轨迹——写日记、读书笔记。

3. 为想法的实施找资料与方法。

4. 向外界公布成果。

5. 再回到第一步，向更高的层次迈进，周而复始地循环。

具体的做法：

第一步：把孩子送进学习班，让他去接触专业人士。

无论多么小的事情，一旦进入专业，就马上变成了一个宏大的世界，无尽的乐趣会蜂拥而至。我们知道书法是一门中华民族的国粹艺术，其实很多时候一个字都能成为一门艺术，比如"寿"字。不知道的人以为一个寿字能成什么艺术，见过"百寿图"的人马上会明白，一个寿字上升到书法的专业领域，真的不可思议，居然有这么多的写法，有的人毕生的事业是研究寿的百种乃至千种写法。而每一个字的每一笔每一画都包含着无穷的奥妙。这些奥妙都会极大地激发出孩子更多的热情，与此同时给他带来更多的快感。然而这些乐趣只有专业人士才能讲得出来。

我们再看前面的"电子遥控飞机"的制作中，飞机的翼展、机翼面积、重量不同，势必会对电源、遥控设备有不同的要求，自然遥控距离、遥控设备、爬行速率、留空时间就会不一样。为什么会产生不同，会产生多大的差距，当然专业人士会用专业的物理、数学知识分析得非常透彻。这么多相关的细节，有细微的误差都会影响到最后的飞行效果。孩子在从事制作的过程中"关注细节、追求卓越"的性格与能力当然能得以训练。这比起孩子在平时作业中的不认真，如写错数字、漏掉小数点要复杂得多了。弗朗西斯·培根在他的《论学习》一文中就说过"……数学使人精细，自然科学使人深沉……精神不集中的人，就让他学习数学，因为在演算时稍一走神，就得重做……"，在他本人的浓厚兴趣的带领下，孩子在学习上的各种不良的习惯，都可以在这有意义的"玩"当中无言地消失，不药自愈。

其实，每个孩子都特别喜欢把自己遇到的新鲜的事情找个人倾诉，只是以前我们的家长根本不予理会，以后哪怕装也要让他说出来。至于他们把学过的东西说出来的好处，我在其他地方说得够多了，这里不再赘述。

家长在这当中只需做一件事情：培养他记课堂笔记的习惯。记笔记是学习中最重要的一步。每节课回来，检查他的课堂笔记；让孩子把自己学习到的东西给家长分享（让他给你讲）。如果孩子没有记笔记，要引导他回忆着把他刚刚讲过的内容写下来。

第二步:培养孩子动笔的习惯——写读书笔记、写日记。

读书笔记未必要长篇大论。看到一本好书,或者一篇好的文章,乃至一句受启发的话,马上在旁边写上几句感受或者感慨,两三段固然好,一两句也可以。其实,很多灵感都是一闪即逝,如果能把他们捕捉住那就太好了。而捕捉的方法就是把他们记下来。就像是一颗种子,只要我们把它捏住,放到土里再轻轻地按上一按,说不定什么时候就会发出新芽,绽放出无限的生命力。把灵感写下来就能把它留下。我们要孩子培养的是一个捕捉灵感的习惯。一个昙花一现的灵感充其量叫做"想法",而一旦把这个想法抓住,再进行强化、扩展,就能变成"思想"。

至于日记,我在很多场合强调它的重要性。未必每天都写,但只要有一个念头就要让孩子书之成文。比如第二天要是去买航模材料,那么在今天晚上,就由家长督导着在日记里写出明天的做法:

1. 什么时间要去何处购买?

2. 什么地方的材料从价格和质量上衡量最合适? 为什么?

3. 所购材料的规格与用途?

4. 现在的心情与感受?

5. 想象一下未来的航模会是什么样子?

......

写完之后一篇日记完成。

回来后,再把自己买东西时的经过写下来:

1. 自己去的时候是什么样的心情?

2. 路上碰到了什么事情?

3. 与老板都谈了些什么样的话? 老板给了什么样的建议?

4. 自己在买材料的过程中获得了哪些体验和专业心得?

5. 把购买东西时的实际感受与昨天的设想作个对比,有何感受?

……

写完之后又是一篇日记。

孩子写的是什么不重要，他做的是什么事也不重要，最重要的是要他培养出"事前思考，事后总结"的做事习惯。

家长督促他做的事情：事前写出你想怎么做；事后写出你是怎么做的。简而言之，督导孩子动笔思考。

这样训练的结果，孩子会做任何事情之前，全面估计、未雨绸缪；事后全面总结、查漏补缺，完善思维、学会做事。这才是我们想要的。

第三步：最好能与孩子一起参与活动。至少也要为他提供足够的资料，即：将他们推入知识的海洋。

这是现代的孩子最应该培养的一项能力——找寻解决方法的能力。这种能力的培养很简单，将孩子引向"读书"和"上网"。

其实航模的制作书籍有很多，老师也会给孩子推荐这类书籍。可以买解决他们现实中遇到的问题的书；还可以是航天英雄的个人传记（孩子既然喜欢杨利伟，当然对关于杨利伟、聂海胜、费俊龙等航天英雄的书都感兴趣了），航天研究的科普读物，航模杂志，还可以给孩子买些关于航天，及科学探索的 VCD 或 DVD 等影像资料。

人们对书籍的了解很多了，但对于互联网（internet）的了解相对来说比较少。一说起"上网"，现代的家长都是谈网色变。仿佛"上网"就是沉溺于网络游戏。这是对网络的片面理解，是不全面的。互联网其实是迄今为止人类最伟大的发现之一。它将全人类的文明成果真的做到了共享。你的任何问题都可以通过网络获得来自世界各地的专家解答（只要你的语言能力够好）。对于网络，我们的态度绝对不该是惧若洪水猛兽，而应当早早引导孩子学会运用它解决问题，进行学习，进行研究。

互联网的出现，使学习方式发生了革命，当然也带来了教学方法的革命。由于以前的知识普及速度慢，所以更新也非常地慢，知识的传递主要靠代代相传,教学主要任务是教会学生对老师所教知识的消化及运用上;互联网的出现使上述能力下降到次要地位,排到其前面的是:对更多未知知识的获取、整合及创新,也就是我们常说的高级思维方式的培养。从原来的"对老师所教知识的消化及运用",转到"从老师所教的知识获得线索,引向更多更深的议题,整合创新"。

当孩子把自己的兴趣扩展到读书与上网求知时,有再多的时间与精力都不够,哪里还有时间去"搞闲篇"。聪明孩子的多余的精力就有了宣泄口。小小的航模会把他引向航天知识;中国的航天知识又会把他引向世界航天;随着视野的扩大,世界航天知识又会把他引向英语的学习,因为最新最高最全面的科技知识都是最先以英语面世。一点也没有夸张。现在有好多高中生因为爱看日本动漫,自学日语,因为爱看韩剧自学韩语。这就是兴趣的力量。

读那么多的书,还要学外语,能说航模跟学习没有关系吗?

家长在这一阶段的做法:给他推荐书,让他读书;告诉他解决问题的方法,让孩子跟自己无限膨胀的兴趣去搏斗。

读专业书和上网找答案的习惯是做任何事情、解决今后人生旅途上将会面临的任何问题的解决之道。同时也是本时代的人生活的最大的乐趣与生存的必要方式。

第四步:把孩子的成果公之于众。

当孩子的制作成果出来之后,家长应该推波助澜,让他去参加各级比赛。不论成与败,都要让他去参与。各种大赛的参与过程是个学习的过程,同时大赛成绩不好又可以让孩子找到不足与差距来日可追,成绩好可以让他找到自信,更有了冲劲,向更高处攀登。

近代奥运会的创始人皮埃尔·顾拜旦曾说:"奥运会重要的不是胜利,而是参与;生活的本质不是索取,而是奋斗。"当然在每一次的活动前与后都有人用日记记录下参与者的每一个足迹。不论成与败、荣与辱、强与弱都是人生的经历、无价的财富。

"航模"其实本身是个知识的海洋。在这里，我们让孩子学会的是游泳和游向自己的目标的本领。在这块海域里练就了能力，到了其他海域，做的事情没什么不同，只是可能目标不一样。

在培养孩子的任何兴趣的过程中家长所做的是：

1. 培养孩子记笔记的习惯。

2. 督导孩子动笔思考——写日记。

3. 引导孩子读书。

4. 参与社会竞争。

孩子所需要的是：

两个本子：一个记笔记；一个记思考（日记）。

这就是影响教育反复强调的行为教育模式：行为影响，影响行为。我们强调的是习惯的塑造，行为模式的浇铸。教给孩子知识，他们只能受益一时；塑造孩子习惯，才能影响他们一生。

这使我想起，我在美国时的两件事情。

当时我住在加利福尼亚州的欧卡德镇（Oakard），我的朋友 James 家，他儿子 Luke 当时上小学三年级。有好几天，小家伙让我帮他拉一根绳子，去测量他们家院子里的水塔的影子长度，测完了还要用数码相机拍照片。一问才知道，原来他是做暑假作业。内容是这样的：

题目：我和我的影子（Me and my shadow）

内容：要求学生在暑假内记录影子在一天中从上午 9 点到下午 6 点期间，每个小时的变化规律（The length of my shadow each hour all through the daytime from 9 a.m. to 6 p.m.）

他在不同的日子里，把每间隔一个小时的水塔影子的长度记录下来，每 10 个小时为一组（上午 9 点至下午 6 点），绘制出了三张几乎一样的"直方图"（每天 10 个小时）。每个小时的记录结果旁还注有实验者（experimenter）自己和助手（assistant）我或者其他人的名字和现场照片。

根据画出的三张图他得出了结论。

What I learned about my shadows(观察影子得知)?

Shadows are different size at different times of the daytime(白天时，不同时间影子的尺寸不同)。

They are long in the morning and get short up to noon time（早晨时长度长，到中午时分长度短）。

After noon shadows begin to get longer again(中午过后影子又开始变长)。

The size of the shadow depends upon where the sun is located（影子的尺寸取决于太阳的位置）。

当我看到他的报告出来后让我大吃一惊。他哪里是在做小学三年级作业，分明是在科学实验，他展示的演示文稿(power point)包含了一份物理实验报告的所有的项目：实验人(experimenter)、实验目的(purpose)、实验器材(equipments)、实验步骤(steps)、实验分析(analysis)、实验结论(conclusion)。我记得这些东西我是上初中二年级的物理实验课上才看到的。

第二年的时候，Luke 的姐姐 Catherine(一个初中二年级的学生)的作业更让我瞠目结舌。她的暑期作业的题目居然是"纵览美国与中国文化传统"(The Overview Towards the Cultural Tradition of American and Chinese)。像这样的题目，写几十万字的博士论文时我都不敢碰，他们居然让一个孩子去写。刚开始时，我不知道美国老师留这样不着边际的作业的意图是什么。但接下来我看到 Catherine 做了这些事情：

经常匆匆地吃完饭后，慌慌张张地往镇上的图书馆跑，一呆就是大半天，回来时带着一大堆 copies。

网上游荡的网站也多是有关中国文化的网页，再也无暇关注"小甜甜"布莱妮和"后街男孩"的新唱片动向。

跟在北京的姥姥和舅舅的电话内容也不再是家长里短的琐事，而成了关于北京春节与圣诞节、中国的京剧、东北的"杀猪菜"与"大葱蘸酱"等等。

原来我们之间没有什么话题好谈，现在拿来许多稀奇古怪的汉语词汇，让我帮她翻译。

......

我这时才恍然大悟。不管她的这篇文章能写成什么样子，这搜集资料的过程肯定会让她受益无穷。这时我更加明白了那句名言："重要的不是结果，而是过程"。

三年级的孩子的实验做得好和坏不重要，重要的是孩子知道了科学研究的方法和程序；初二的孩子的论文得了 A 还是 D 又有什么，孩子已经知道了把一个观点陈述出去时所需要的一切资料应该从哪里获得以及如何获得。这不正是"行为教育"最好的诠释吗——教育的伟大目标不是知识而是行为（Spenser: the great aim of education is not knowledge but action）。

既然是玩，
就要玩成个"人才"

人都喜欢玩，说起"玩"，津津乐道。玩是人的天性，玩在孩子的成长中起着非常重要的作用，所有的孩子都是在玩中长大的。玩，使孩子体验快乐，玩伴随孩子健康长大，孩子在不断地玩中得到充实，在玩中受到启发。玩会拨动孩子酷爱学习求知的那根兴奋的神经，让孩子在全情投入的玩中不断地创新。可我们大部分的家长却不这么认为，有的认为，玩只是小孩子的游戏，孩子高兴就好，玩什么无所谓；有的认为，玩是不务正业，浪费时间、浪费精力，因而极力反对。那么，在孩子成长的岁月里，到底该不该让我们的孩子玩呢？

我们来看中国象棋特级大师柳大华小时候的一件事：柳大华有两个哥哥一个姐姐，他9岁时父亲就去世了，母亲拉扯四个孩子，日子过得好艰苦。大华的妈妈是一位勤劳贤慧的母亲，尽管生活的重担压得她几乎喘不

过气来，一家五口人的吃穿都得由她操持，但对孩子们下棋一事却最支持。开始，由于她对下棋缺少认识，认为那只是玩玩，甚至担心孩子们学坏了。可当她发现弟兄三个学棋后，不但家务活干得多了，而且个个在校是优秀生，她再也不反对孩子们下棋了。有一件事，尤其使她感动。一天晚上，大华跟两个哥哥去文化宫参加象棋表演赛，棋赛结束时，主办单位发给每人一包点心，三人谁也没有舍得吃一块，原封不动地拿回了家，往妈妈面前一放，说："妈，您吃吧，这是我们下棋挣的点心。"妈妈从每个包里拿了一块，放在嘴里慢慢嚼着，她似乎从来没吃过这么香甜的点心。做妈妈的，还有什么比得到儿女的孝敬更香甜的呢？从那以后，她更加支持孩子们下棋，送孩子去拜师去学棋，参加各地的象棋比赛，终于有了今天的象棋特级大师。

柳大华先生在"玩"中找到了赖以生存的职业和一生追求的事业，还有的"迷途"的人在"玩"中又重新找回了"正途"。

在著名足球明星马拉多纳的家乡——阿根廷的尼西达市，那里的人们热爱运动。在少管所里面，监狱的管理人员为那里的少年犯们请了橄榄球教练，让这些已经被剥夺了在社会上生活权力的孩子们"玩"橄榄球。这些孩子玩得非常用心、非常投入。现在他们组建了一个自己的球队，有望在 2009 年参加全国正式比赛。正是因为"玩"，他们没有普通少年犯的自暴自弃和消极厌世的悲观情绪，也没有个别少年犯的愤世嫉俗和仇视社会的敌对情绪，而是和一般健康孩子一样拥有良好的精神状态，积极上进，他们还纷纷立下进入职业赛的决心。教练们在谈到对这些"问题孩子"的教育时说道："我们在教他们比赛的过程中，教会了他们'与人合作'和'遵守规则'的精神。"

是"玩"，使这些"失足的浪子们"重新点燃起了"浪子回头"的勇气与激情。

坚持就是胜利。

——毛泽东

特质五
一路坚持——持久的动力与坚忍的毅力

所谓"毅力",只不过是坚持的别称，是指一个人不停地重复一件事情的能力。一个人想做成大事，这一点是最基本的前提。成功的难度不在于如何做一件事情，而在于你还能再重复做这件事情多久。坚持是一项能力，做到坚持同样需要方法。

孩子必须从小学会做到"坚持"的方法。

激情退却之后剩下的
叫做坚持，它使成功成为了可能

在第二期的家长"体验式训练营"开始上课前，我让各位参加者看看自己身边，每个组的 8 个人还剩下几个。我是要让人们通过训练营真正体验到什么是成功，怎么样能够做到成功。当大家看到周围的人越来越少的时候，有什么感受？

成功需要的第一个条件是耐心，然后才是方法。

很多人知道苏格拉底，他是西方的"文圣人"，弟子也有几千人。他在西方历史上的地位很像孔子在中国的地位。苏氏有次在上课的时候问大家想不想健康与长寿。学生们 100%都把手举了起来。他说其实长寿很简单，你只需要在每天早晨的时候，把你的双手朝前挥动 300 次，再朝后挥动 300 次就可以了。

然后问谁能做到。所有的人都把手举了起来。一周以后，他又问，我上次说的长寿的方法有谁在做请举手。当时有七八成的举了手。他说："很好，祝贺你们。"又过了几周以后，他又问："上次我说的事情谁还在做？"当时举手的只剩了三四成。又过了几个月以后，他又问时，只有 10%的人在做。一年过后的一天，他突然说："我说的健康与长寿的运动，大家还记得吗？"很多人都已经忘了。然后他问："谁还在做，请举手！"在座的那么多人中，只有一个人举起了手。这个人的名字叫柏拉图。所以柏拉图最后成了苏格拉底的众多弟子当中成就最大的一个。今天他是我们听到的很多学科，比如哲学、伦理学、物理学、法学等的奠基人。他是西方历史上最伟大的哲人之一。

说到这儿，大家可能会有些想法了。大家第一次来这儿的时候，都是抱着同样的目的——想让自己的孩子学习变得更好。现在我们再问自己一下"你真的想吗？你真的愿意做吗？"再过一星期以后，再在夜深人静时问问自己这个问题。我们的孩子在一星期内能获得成功吗？一周能做到什么？再想想，当我们自己一本正经地批评孩子做事三天热血，要立长志而不是常立志时，在教导孩子做事要有始有终，绝不能虎头蛇尾时，我们自己做事又是怎样的呢？当我们自己知道了该怎样帮助孩子时，我们只做了一周或两周后，就没了声息。这么重要的事情，一两周就掉队了，还谈什么教育？连一棵小草都养不活。倘若人的生命只有一两周，你也没有必要这样做了，但是人的生命不是这么短，按照中国人的平均寿命 72 岁算是 3 754 周。其实，孩子真正需要我们帮助他们在学习上养成好习惯的时间，满打满算，也不过 18 岁以前这 18 年。扣除过去的几年，还剩下个十年八年，也就是 500 周左右。这 500 周中，你只需要坚持十分之一就够了。孩子的好习惯一旦启动，你就可以抽出身来了。

普通的人不成功，是因为不努力；努力的人不成功，是因为没方法；成功的人不卓越，是因为耐不住寂寞。

"成长日志"——
大脑的"贴身秘书"

"金庸迷"们对《射雕英雄传》中的"老顽童"周伯通的"双手互搏术"肯定还是记忆犹新。周伯通在桃花岛囚禁的日子里,整日里烦闷无聊,没人解闷,于是开始一个人玩两个人打架的游戏。最终练成了"一心二用"之术,他的两只手居然能像两个人一样,独自按照自己的套路打出完全不同门派的武功。后来,他将这一功法传给了小龙女,小龙女在恶战金轮法王的时候,左手以"全真剑法",右手以"玉女剑法"运用"双剑合璧"击退了金轮法王。可见这"一心二用"之术非常厉害。而这一门心法的练习是从"一手画方,一手画圆"开始。

当然这只是金庸先生用天真烂漫的想象,以浪漫主义的手法虚构出来的。"双手互搏术"自然是不可能做到的,但书里面说"一手画方,一手画圆"是人们做不到的,这一点却是有些问题。我做个很多次试验,10个人中有七八个人能当场做到,剩下的两三个人回去后稍加练习都能很轻松地做到。下面我把实验的操作程序介绍如下,读者一试便知我所言非虚。

"一手画方,一手画圆"游戏

(一)左圆右方

第一次试验:实验者蹲下来,全神贯注在地上左手画圆,右手画方。这时实验者的注意力会放到左手画圆上,致使左手的圆画得不圆,右手的方也没能画方。感觉仿佛真的是不能做到。

第二次试验:开始之前,先做准备工作:左手在地上不停地画圆。先让左手的画圆成为习惯性的无意识的动作。之后,让左手不停地画着圆,把注意力放到右手上,你会发现右手不但可以画圆,还可以画比圆更加复杂的动作,比如画五星,甚至可以写英语。

(二)左方右圆

这一个试验要明显比上一个难度大,需要反复训练。训练的方法:先练左手画方,只要能轻松地画出来,然后练右手画圆,跟上面一样,让右手的画圆成为习惯性的无意识的动作。之后,开始试验。这时要把注意力放到左手画方上,不必想右手的动作。动作协调能力好的人一两分钟就能做到;动作协调能力差的人回去集中注意力练习一两个小时也能做得很好。

在一本叫做《奇人奇事》的书中看到过一个记载:有一个西班牙人,能用一张嘴同时说出两种不同的语言——左嘴角说出的是意大利语右嘴角说出的是西班牙语,并且内容不同。这是传闻,不知道是真是假。有一点可以肯定,"一心二用"一般的人做不到。

我们的"一手画方,一手画圆"试验当然不是"一心二用",只不过是运用了人脑的与生俱来的最普通的工作原理。

人脑是一部神奇的机器,全部的工作原理人类还没有完全研究明白,分两部分,一为大脑,一为小脑。大脑负责处理相对较新的非反复重复的信息和行为,如:学习、随机应变的各种行为等等;小脑负责本能的行为和反复重

复之后形成的行为,如:热了出汗、手触到高温的东西马上躲避、咀嚼食物动作、走路时双腿的迈动等等。

大脑和小脑之间有着严密和神奇的分工。

大脑的任务是处理每天各个感官从外界收集来的信息,然后决定哪些该做,哪些不该做,该做的事情何时处理,如何处理等。另外,大脑对处理的信息进行分析和选择。这种分析和选择不仅表现在对全部信息按照意愿、难易程度、时间先后等进行拣选,还会把反复重复的"旧"的信息加以分离,把它们移交给小脑负责,把自己从中解脱出来,从而让自己有更多的时间、空间和精力去处理新鲜的事务。拣选的标准:一条信息由大脑连续重复 3-4 周,大脑就会交由小脑去做了。这就是我们都知道的"养成一个习惯需要 3 周时间"的由来。这是我们下面要用的一条规律。

小脑的任务是负责"日常事务"。除了安排许多的本能反应,它负责接管大脑经过反复重复后"模式化"与"程序化"的行为。人体的"生物钟"应该就是由小脑控制的。我把这些行为称之为"第二本能"(虽非本能,但经过反复重复,而形成的下意识,即 the subconscious),即某种动作高度熟练,以至于有意识的控制已经不再起作用的行为。我们称之为"第二本能",就说明这些不是与生俱来的,而是经过反复训练,后天习得的。不过,最后的结果它们被"训练程序"固化成为"功能模块",和本能的动作一样进入"潜意识"发挥作用。

关于人们对大脑和小脑的这一分工原理的运用,俯首皆是:

刚开始学打字时,26 个字母在键盘上的分布似是毫无规律。每打一个字需要在那些"随意"分布的键盘上寻找需要的字母。我们的注意力没有在文字上,而是都放到了字母的找寻上。经过反复的"训练"后,当你伸出双手,在键盘上轻盈、洒脱地写着"我心所想"时,你是否感到了这大脑与小脑的奇妙分工呢?

刚开始学弹钢琴时,在按照声音由低到高分布的键盘上弹奏曲子时,我们的注意力哪里放在音符的长短组合上,而是放在如何在键盘上找到几个

"随意"组合的音符上。经过反复的"训练"后,当你伸出双手,惬意地弹奏名家的名曲,从中体验到美妙的令人陶醉的意境时,你是否赞叹过造化为人类安装的这两部机器的匪夷所思呢?

……

把学到的知识转化为能力的法门就是"训练",而"训练"的方法一定是:

复杂的事情简单做,

简单的事情程序化,

科学的程序重复做,

重复的事情习惯化。

大脑就像是一个企业的老总(我们也称"首脑")。身体的各个部件就是各个员工,是负责执行老总发出的各条指令。小脑就是副总,任务是替老总处理那些已经"制度化"的日常事务,以便老总能腾出时间和精力去处理那些"创新的事务"(creative things)。

既然一个人像一个企业,我们就需要对那些"效益差"的企业进行改革,以提高效率,增加效益。

大脑具备人性的所有弱点:懒惰,逃避艰苦的思索;官僚,做事推三阻四;时间观念差,任务不能按时完成;偏听偏信,只相信自己的耳目(人的耳朵和眼睛)。碰到需要动脑筋解决的问题,当费了一些努力解决不了时,就想投机取巧获得答案,或者干脆放弃。当有事情需要办时,哪怕是很容易的事情,也总劝自己等等再办,甚至为自己找借口一拖再拖,直到不办不行时才勉强为之,有不少事情干脆拖到最后忘记不做了。遇到事情很容易激动,情绪用事,过于相信听到的和看到的,不愿多做调查分析去发现事情的真相。

当然他也具备人性的所有的优点:爱学习;能反思;聪明,遇事想办法。其实我们说反了,应该说,是大脑的所有优缺点在人的身上得到了表现。

优点自不必说,对于一个懒惰、官僚、时间观念差的领导如何对付呢?

给他配一个"贴身秘书",每天提醒、督促他。

对于一个正在学习的孩子而言，这个"贴身秘书"就是"学习成长日志"（或者叫"行事历"）。

写"学习成长日志"是让孩子学会"时间管理"，这一点会让孩子受益一生。

开始时由家长或者老师督促引导，让孩子每天盘点自己的时间利用情况，并把自己想做和该做的任何事情都做好安排。做到"时时有事做，事事有时做"。每周每天的事情根据轻重缓急、早晚主次做好安排。把学习的时间安排好，休息的时间也要主动安排。从而学习要全神贯注，休息也要酣畅淋漓。

在家长的督导下，让孩子每天重复打开"成长日志"检查今日所做，计划明日所为。一个月之后，孩子的大脑就会将"每天定时检查'成长日志'"的"旧"信息，移交给其小脑，从而启动"人体生物钟"，养成习惯。之后，即使家长不再督促，孩子一到写"成长日志"的时刻，马上就会想起。

"成长日志"——
一路坚持的"轨道"

如何使用"学习成长日志"培养做任何事情的持久的毅力呢？拿出"成长日志"，看下面的内容。

"成长日志"由总计划、周计划、日计划组成。

在校的学生刚开始培养订计划的习惯时，只要做周计划就和日计划就可以了。不用订立太长远的计划。

我碰到过一次这样的事情：一个家长在听完一个"人生规划"教育专家的课后，领着自己的孩子到了专家面前，让专家根据自己孩子的情况帮孩子做个人生规划。专家也煞有介事地问孩子多大年龄了，孩子回答15岁了，专家说，好，现在做规划最好，然后就大谈未来。

我们的家长真是太投入了，此所谓"不识庐山真面目，只缘身在此山中"。孩子这么小，未来无可限量，怎么可能有人能为他做出规划呢。全世界能够规划一个人的未来的只有一个,那就是上帝,他还不轻易接见你。专家自己的未来还没有安排好怎么可以为别人规划未来。

我们好多人希望别人规划自己的未来,甚至找人预测未来,卜算未来,千万别这么做了。当人知道了未来后绝对不会是幸福,相反是恐惧。试想,当你知道30年之后你跟现在没有什么两样,你是什么感觉,当你知道40年后你可能会遇到一次车祸,你有什么感受。倒不如,踏踏实实,快快乐乐地活在当下。

首先是周计划。里面分为八块:第一块写的是本周总任务。往后是,星期一、星期二、星期三、星期四、星期五、星期六、星期天。总任务里写这一周需要做的事情。然后分解到每一天去做。

如何分解呢?比如说,我有20个问题需要用7天来解决。千万不要简单地把20除7,一天3个这么做。没有人能保证他每天都有时间做。如果一星期有一天没做,计划就不能完成。心里就不舒服。我们的做法:20个问题,一天解决5个,分到4天解决。然后去看课程表中哪4天是有时间的。比如说我星期一、星期三、星期四、星期天有时间,就可以把每天的5个问题写进相应的那一天对应的"块"里,周计划就完成了。

作计划留出的时间一定要宽松,安排的任务一定要轻松。

这页底下还有一个就是师长的期许。家长或老师看到孩子把周计划列好时候,在底下写上一句:真的不错,希望你能完成。

然后是日计划。日计划里面包括:快车加油站、自我诊疗、黄金5分钟、今日安排、今天你做了吗、师长鼓励几个部分。

快车加油站。里面写了一段话,两星期一个阶段。这一个阶段里面都是这么一段话:"我现在完全明白了优秀是怎么做到的,我也要优秀,我要做给我周围的所有人看,并且,细细地体会走向优秀的每一步,我对优秀的追求是来自我内心的渴望,我是个说到做到的自强者,这两周就是回答,请大家见证我的第一个14天。",每天,孩子读这么一遍,他就会想,至少要坚持两周。"成长日志",总共包含15周的计划,一共是105天。通过这样的语言,每天督促再做一天。

自我诊疗。里面要写习惯的问题。比如:放慢速度,一遍做对。它叫做内功心法。为什么这么称呼?绝不是想把它搞得玄一点,只为了容易记住。不单要今天念,要天天念这句话;不单这个题要做,还要题题做。要每一天做题时把"放慢速度,一遍做对"在心里默念。可能刚开始写的时候啊,写了三天,没有做到,但是一直这么写。人就会开始注意,只要开始注意,21天就能养成一个习惯。再比如演算纸的使用。通过自我诊疗天天提醒自己。心理学里面讲,你要想把一句话写进一个人的意识,所做的就是天天重复。其实,写的过程就是一个说服自己的过程。慢慢地他就会去做。

黄金五分钟。每天找5个新的英语单词,写在你的"成长日志"里面。然后白天,用"黄金五分钟"来解决。什么叫黄金五分钟啊?早晨起来到了学校以后,坐下来抽一个五分钟,连背带写那五个单词。等到中午到学校以后,你再抽五分钟,还是这五个单词,到了晚上再抽五分钟。一天的所有五分钟重复这五个单词,就可以了。或者从课本或报纸中找一句话或名言,如法炮制。时间不用太长,那样就不容易集中注意力了。黄金五分钟就是让我们学会去生活当中挤零散时间。

今日安排。前面周计划里已经计划了,想星期一、星期三、星期四、星期天来解决问题了。把前面写的事情落实到日计划里。不光要写上这件事情是什么,还要写上,准备在明天的什么时间去做。因为这个世上没有任何一件事情是不需要时间来解决的。当你想做一件事情时,如果你根本没有想过哪个具体时间去做,你就会发现这个问题肯定到晚上才想起还没有做。所以你一定要想一想什么具体时间去做,才能保证你的事情有时间来解决。

这是非常重要的一点,也是家长与孩子沟通的一个重要且有效的方法。

各国的教育中都存在一个"正常"的"反常"现象:

在一些偏远、教育落后的地方,有些家长自己从来没有受过良好的教

育,当中甚至有的人没有受过教育,而他们的子女上了大学、读了硕士、博士,更有的出国读书;而在都市里,很多家长自身受过很好的教育,而自己的孩子却很一般。这又是为什么? 令人深思。原因其实很简单。

那些偏居一隅的善良的父母从小教育孩子时反复讲:孩子,到了学校后一定要团结同学,尊敬师长,与人为善,因为当你遇到困难时,爸妈没本事帮不了你,只能求助别人。所以这些孩子往往在学校都能与同学和老师和睦相处,自己遇到困难后积极想办法找门路,用自己的双肩去抗;而那些受过良好教育的家长呢,孩子遇到什么问题都帮他解决,到了学校后,这些孩子会产生一种"畸形"的优越感——总觉得比别人强,蔑视同学。更有甚者,瞧不起老师。他们爱说"你是谁呀,不就是个小学老师、中学老师吗? 我爸是大学教授,比你强多了。"当有一天,教中文的大学教授爸爸也有数学题做不出时,孩子又出现了青春期的"逆反心理",自己的各种问题不跟父母说,当然也不会去找那些平时自己瞧不上的同学,最终沦为平凡。媒体对这些父母有高学历的孩子的调查显示:每十个这样的孩子中,只有两个优秀,三个平平,其余五个相当令人讨厌。

所以今天的家长回去教育子女时,不可以替他做所有的事情,而是应该告诉他如何去做,你会发现他比你做得还要好。

今天你做了吗? 这一栏里有如下五个问题:你今天的计划轻松完成了吗?错题档案又增加了吗?今天的日记写了吗?备忘录里的问题都解决了吗?你今天的时间利用得好吗? 这五个问题,只要你做了你就打对勾,没有做就打叉。

师长鼓励。家长在这一栏里写上你鼓励赞美的话语。只要做了,家长就鼓励。

为什么这么做? 我们来算一笔账:假如说孩子只填"自我诊疗"了,别的都没有做。做了105天,天天写"放慢速度,一遍做对"。这105天,也会开始意识到这个问题。105天改掉一个坏毛病,养成了一个好习惯。学生和家长付出的努力也就值了。

假如只做了"黄金五分钟"。105天,你来算算,每天主动找3个词或词组把它们掌握了,就能解决315条词汇。整个初中,英语词汇数量约一千五六百条,用105天他就干掉了五分之一。英语当然会有长进。

假如每天只找一个问题,写上去解决掉。这15周内,一星期只做五天,星期六、星期天休息,也能主动解决75个问题。

假如每天只回答"今天你做了吗"一栏里的五个问题。没做就画叉。每天要画叉肯定不是件轻松的事情。任何人做事都有两大动机:第一个,叫做追求快乐,第二个叫做逃离痛苦。没有人愿意痛苦。每天整理一个题进错题档案的话,15周,每周做五天,共计75天,错题档案里面还可以增加75个题型呢。

盘点一下,你一定会大吃一惊。

坚持的另外一个名字叫做习惯

积少成多。这就是习惯的力量。习惯就是不在乎你一天做多少，也不在乎你每天做多好，只看你能做多少天。你只要天数做够了，其他也就慢慢做好了。

漂亮的"成长日志"会吸引你把其余的空白填满。刚开始"成长日志"是空的。我们把它叫做习惯的真空。当人天天去接触一个空的习惯的时候，时间久了，你就会被这个习惯牢牢的吸进去，最后，连自己都控制不住了。

比如"刷牙"习惯的养成。

刷牙是个好习惯，并不是每个孩子一开始就有这个好习惯。多数的孩子都是在小时候看到大人刷牙觉得好玩，就也想刷牙。这时往往当妈妈把牙具放到他或她的面前后，拿起挤有牙膏的牙刷往嘴里一放时，觉得有辣味，就不想刷了。不管怎么样，家长都会劝说他们坚持下去。当然要免不了每天的监督。几年之后早成了习惯。现在让他或她停止刷牙三天,他们本人的感受是痛苦,因为已经成了习惯。

什么叫做习惯? 某种行为高度熟练,以至于有意识地控制不再起作用,这就是习惯。只要你一天天去做,到最后他想不做都已经不可能了。

学习习惯的养成可划分为四个阶段,每阶段为一周:

第一周:新鲜期。即习惯的导入期。自发性行为。前期要有活动来启动其意愿。学生通过听到别人的讲授或教导来接受信息,从而对习惯培养的重要性有了基本的认识,并能自发地根据情境要求去做。

第二周:平淡期。新的行为的重复,渐渐跟自己平时必须做的事情感觉趋同,没有了刚开始时的新鲜与刺激。由于行动实施时间不长,短期之内对行动带来的益处也没有切身体会。

第三周:挣扎期。强制性行为。由于其自控能力差,兴趣、情绪变化大,这时所做之事已成为每日必做之事,此事虽重要但并不急切,当它与众多重要且急切的事情并列时,往往被后置,甚至忽略,因此行为具有随意性和情境性,行为习惯常常顾此失彼,不能完全到位,反复性大,往往是不稳定的。这时学生不但需要自己努力,还需要家长和老师从外部给予一定的提醒和督促。工具的作用在这个时期发挥出最大的效用,以起到提醒、激发和敦促的功用。

第四周:享受期。自觉性行为。这时工具上已经显示出几周来的成绩与挣扎后的成果。通过对所做过的事情的回顾与盘点,尝到了这么做的甜头。每做一天都有一种收获感和战胜自己的成就感。

第四周后:平静期。自动行为。既不需外部监督,也不需自己的意志努力。这时,学生遵守规律已不是被迫的,既不是迫于教师的监督,又不是靠自己的思想斗争或意志努力,而是自然的、自动的行动,这就是习惯。这时行动已成第二本能,即此动作高度熟练,以至于成为无意识的行为。

我们可以看出,老师和家长在帮助孩子养成好习惯时,一定要在第二周的平淡期和第三周的挣扎期介入。这时不论你赏识鼓励还是严教,都要设法把孩子送上这个学习的快车道。

为什么我要让他做"成长日志"呢？"成长日志"可以改变一个人的做事方式。一个人的做事方式可以培养一个人的坚强持久的毅力。具体做法就是通过"成长日志"，一天一天去做。

我给大家举一个自己学英语的体会。我出生在河北的一个农村，到今天我说话还有河北的口音。刚开始时我把口音带进了英语，造成发音很差，让人听不懂。我向我们的教授请教。教授说，很简单，每天读英语 20 分钟，你只要能坚持半年，就小成，坚持一年就大成。我就去做了。我一口气坚持了 3 年半，一天都没有缺过，每一天都超过 20 分钟。我说出来大家都会吃一惊。我的同学都说我是疯子，怎么会有这样的人？怎么可能呢？三年半一天都没有断过？我说我真的一天都没有断过。其实没有像人们想象得那样难。

每天 20 分钟，我天天读。读来读去，读出问题来了。有的时候要出门，不能随身带书，不能保证朗读课文了，于是就要等到晚上补，很是不方便。于是我开始背英文文章。一千字的文章，清清楚楚背下来，大概需要七八分钟的时间。只要是我不带书的时候，我就背。我才发现，哎呀，这一天坚持 20 分钟太简单了，你只需要背两遍就可以了，所以呢，我吃完了饭回教室、回宿舍的路上，我一边走一边背，我背上一遍，就是七八分钟。说出来都不怕你笑，蹲厕所我都背。蹲在那里，看报纸也是看，不如背上一遍，所以每次背完了才走。

有一个周六晚上我们一帮同学一块儿去 KTV 唱歌，回来以后，早上六点半了，大家洗完了都上床睡觉，而我要上床的时候，突然想到，这一觉倒下去，肯定睡到下午了，睡醒了以后还说不定去做什么。英语的朗读怎么办？因为我每天在做呀，天天做，已经这么久了，不能停。我就到了外边，背了两遍之后回来才睡。三年前，我写的那本书叫《一眼看穿英语》，在里面讲了读英语的作用是什么，背英语的作用是什么，学英语做的每一个动作起到什么作用，里面写得很清楚，这些全是从骨子里熬出来的。这里就不讲了。

我背了 20 分钟就上床睡觉了。我突然觉察出一点，我背和读英语，根本就不是为了学英语,而是为了天天填写"成长日志"。习惯使我不能也不愿停下来。

坚强的毅力,别人说起来是个传奇。我的同学们也爱用聪明两个字来评价我。我真的没那么聪明。我只不过比别人下工夫而已。所谓坚强的毅力,对于做事人来讲,就是今天做了,再坚持一下,再坚持一下。我写"成长日志"14年了。我一步步走到今天,"成长日志"的确功不可没啊。

在孩子成年后,这五项特质将化作一种综合实力,为其实现卓越人生缔造成功的阶梯。拥有这样综合实力的人就像是一片沃土,不论什么种类的庄稼种在上面都可以丰收;就像是一段生机勃勃的果树砧木,不论什么品种的果芽都能在上面嫁接长出优质的果实。

中 篇
兴趣探源

兴趣是一种个人的感觉:对过去做过的事情非常满意;将来还愿意继续做。

兴趣的特点:

兴趣是一种"敝帚自珍"的感觉;兴趣是一种"自己跟自己的过去对比"后的成就感;兴趣是一种自我陶醉的快感。

问世间,"兴趣"为何物

如何开启一个兴趣呢

附:背《论语》轶事

希望我们的孩子对自己所做的事都产生浓厚的兴趣。

兴趣是生长中的能力的信号和象征。……兴趣显示着最初出现的能力。因此，经常而细心地观察儿童的兴趣，对于教育者是最重要的。

——杜威

问世间，
"兴趣"为何物

做教育的人都爱说："要培养孩子的兴趣,兴趣是最好的老师。"

那么兴趣是什么，或者说兴趣是什么样的? 这个问题成了教育工作的关键。这个问题不解决,恐怕后面的工作没有办法开展下去。

我们来看一看大家对兴趣的看法——

对话一

主持人:这位女士,你有什么爱好和兴趣?

嘉宾:我爱读书。

主持人:你为什么喜欢读书呢? 很多人不喜欢读书。他们认为一个人独自闷在屋里,非常的无聊。不是有句话说"读万卷书,不如行万里路"吗? 到外面走走不仅可以领略大自然的美, 还能结识很多的朋友使生活变得丰富多彩。

嘉宾:你说得有道理,但读书自有读书的乐趣。

主持人:那你说说读书的好处。

嘉宾：首先，"开卷有益"。从古到今，从地球到宇宙，从现实到内心可谓包罗万象，来自世界各地的方方面面的知识，读者都可以尽情享受，不必受时间和空间的限制。这一点是出门旅游无法做到的。第二，读书是学习的捷径。书是人类进步的阶梯。读书可以在最短的时间内知道别人在自己所做行业中过去的经验和走过的弯路。我们就可以择其善者而从之，其不善者而改之。从而能够站到巨人的肩膀上，百尺竿头更进一步。第三，读书还是很好的消遣方式。当你事业辉煌，有些狂妄自大时，去读圣贤自律的书籍，能让你知道厚德方能载物；当你遭遇挫折，感到妄自菲薄时，去读伟人励志的书籍，能让你知道好事一定多磨；当你开心时，读书可以令你开启智慧；当你郁闷时，读书可以令你开阔心境……

主持人：你读过的书一定不少了，能否说一些？

嘉宾：当然。古书中经典有《道德经》、《论语》、《孟子》等。我爱读史书，像《史记》、《资治通鉴》、英国的《伯罗奔尼撒战争史》、希腊的《荷马史诗》。闲暇时，也读一些曾国藩、林语堂、胡适的小品文……

主持人：从什么时候开始喜欢上读书的？

嘉宾：从上中学时开始，仔细算来到现在已经有三十来年了。（嘉宾此时眼神中流露出一种自豪感）

主持人：看你蛮有成就感的。还想把这一兴趣继续下去吗？

嘉宾：当然，这么有益的事情当然要继续了。读书已经成了我生活中不可或缺的一个部分。

对话二

主持人：请问这位先生，你有什么爱好和兴趣？

嘉宾：我喜欢运动，比如：跑步、游泳、篮球等。

主持人：你为什么喜欢运动呢？很多人不喜欢运动。运动需要早起，还要耗费大量的体力，会让人觉得很累，会使上午做其他事情时觉得有疲惫感。另外，在屋里坐下来看看电视，上上网，读读书多么惬意，要么三五个知己一

起侃大山也好过呼呼大喘，一身臭汗啊。

　　嘉宾：那是因为他们没有体会到运动带来的好处。

　　主持人：那你说说看。

　　嘉宾：比如，关于早晨锻炼使上午疲惫这一点，我的感觉就不是这样。如果你只是偶尔有一个早晨做做跑步或游泳可能会出现上面的这种情况，那是因为人的肌肉刚开始还没有适应运动带来的负荷造成的。刚开始运动量不宜太大，要逐渐地增加。坚持两周之后，这种肌肉的酸痛感就消失了。由于早晨的运动可以增大肺活量，增加氧气的摄入量，所以上午非但没有疲惫感，还会使你觉得头脑清醒，精力充沛，提高做事的效率。再比如：慢跑是一种非常有益的锻炼方式，是一切慢性病的克星；游泳可以保持良好的身材，锻炼小脑的平衡协调能力。身体是革命的本钱。如果没有健康的身体，有再多的知识又能做什么呢？

主持人：你从什么时候开始喜欢上这些运动的？

嘉宾：三年前。那时，看到一篇报道说，在美国各行各业做得非常卓著的人，百分之八九十都是体育爱好者。我于是重新拾起来了以前的运动锻炼。三年中我的锻炼停止的日子不超过 10 天。算来坚持了也有 1 000 来天了。（嘉宾面带自豪之色）

对话三

主持人：请问这位同学，你有什么爱好和兴趣？

嘉宾：我喜欢集邮。

主持人：有这个兴趣的人不很多。我没有集邮过所以不知道个中滋味。大学时代，我倒是有个同学是个"集邮迷"，一到周末，别人有的去串同学，有的去郊游，有的去泡图书馆，而他忙着去邮政大楼旁边的地摊上去淘换旧邮票。自己平时省吃俭用，把钱全放到了集邮册里。弄到的邮票还都不寄信，很令人不解。

嘉宾：那是外行人的认为，其实集邮有着无穷的乐趣。

主持人：说来看看。

嘉宾：首先，集邮是一种很好的学习方式。别小看一张小小的邮票，根据邮票的种类，当你把他们按照系列摆放到一起时，你能学到很多的历史知识、地理知识、世界人文风情。我的很多关于航天的知识就是通过集邮获得的。上次百科知识竞赛，我有好几道题就是通过集邮知道的，才为我们班赢得了荣誉。

然后，集邮是一种享受。这种享受不"沉溺于"其中是无法体会的。尤其是当你有一套邮票只差一张就可以集全时，那种渴望让人有一种心事未了的缺憾，一旦通过自己的搜寻到手时，那种"众里寻他千百度，那人却在灯火阑珊处"的怦然心动和夙愿得偿的释然，是无法用语言来表达的。就像做一道数学难题时，千思百索而不得，让人寝食难安，突然窥出端倪，曙光乍现，光明到来，拨开乌云见日出，妙不可言。

集邮还是一种投资。邮票不光用来寄信,它更可以升值。原来8分钱面值的邮票,现在有很多升值到几十,上百,乃至成千上万元了。你知道有张"文革"时期的邮票叫做"全国山河一片红"吗?曾经拍卖到上百万。现在都成了"无价之宝"了。你如果幸运能收集到类似的邮票,那还不把人乐疯了吗?

当然,集邮的乐趣远不止于这些。

主持人:真是小小的邮票里居然有如此大的乾坤。你集邮有几年了?

嘉宾:从小学四年级开始,到现在有6年了。我总共有一万两千多张邮票。我算过我的邮票,按目前市场价格出手,应该能有近五万元了。

主持人:你一个高二的学生居然有这么多钱,可称得上"富生"了。

嘉宾:哈哈。谈不上富,但这些钱供我上四年大学是绰绰有余了。

主持人:还想继续下去吗?

嘉宾:当然,我想继续下去。等我大学毕业出国留学时,我再考虑"变现"的事。

……

兴趣或者爱好,这个概念尽管非常抽象和模糊,我认为我们依然可以用下面的语言进行描述:

首先,兴趣是一种个人的感觉。它一般不具有普遍性。往往是这个人有这种感觉,而另外一个人就没有。具有明显的"个人"色彩。

然后,这种感觉:盘点过去,对过去做过的事情非常满意。人们最喜欢的事情是,盘点过去做那些事情过程中给自己带来的种种好处。当然,也曾给自己带来了其他方面的损失,不过,人们不在意。

"怀旧"是一种情节,是一种自我心理慰藉的方式。最新的研究结果表明,怀旧的最初记忆可能会使人落泪伤怀,但最终留下的只有快乐和好心情。英国南安普顿大学一个科学家在《心理科学最新动向》上刊登出的研究报告中指出:怀旧情绪有助于改善健康,提高自信心,增强社会关系,使生命更有意义。

再者,这种感觉:憧憬未来,将来还愿意继续做。而这种继续做的动力来自不断盘点过去从做那些事情当中得到的好处,从而觉得能做得更好。

在培养兴趣的过程中,只要能够让孩子有以上的感觉,他就有继续做下去的愿望,也就是说兴趣产生了。跟他是如何开始做这件事没有任何关系。我们在培养孩子的兴趣时常常坠入一个误区:孩子一定要对一件事情有了好奇或好感才能成为兴趣。其实不然。只要让一个人产生感觉:盘点过去,对过去做过的事情非常满意;憧憬未来,将来还愿意继续做。一个人的兴趣就产生了。

生活当中其实有很多事情,我们刚开始时对它们没有认识,更谈不上好感和好奇,甚至有些事情,我们非常不喜欢,但是,在被别人"引诱"或者"强迫"开始参与之后,找到了盘点过去,对过去做过的事情非常满意;憧憬未来,将来还愿意继续做的感觉,于是爱上了它,甚而至于一发而不可收拾,不能自拔。西方人的教育理念:Love it before you do it, then you get it。——先爱后做,你就能成功。东方人讲:Do it before you love it, then you get it。——先做后爱,你就能成功。最后都是成功。不愿做事时,勉强自己一下也是个方法,试一下吧。

总结上面的分析,我们不难得出:

兴趣是这样一种个人的感觉:对过去做过的事情非常满意;将来还愿意继续做。

"兴趣"一词应该出现在"五四运动"时期的"新文化运动"中,跟"幽默"一词一样是一个舶来词,出自英语的 interest(读一下英语发音,再读一下汉语发音不难发现,这是一个音译和意译完美结合的翻译)。"interest"一词除了我们理解的"爱好"这个意思之外,本意是资本投出之后获得的"利息"。人们在把自己的"精力"(包括时间、行动、金钱等)付出之后获得的"回报"和"好处"就是 interest——兴趣。这是人们要继续做事的动力。

兴趣的特点:

兴趣是一种"敝帚自珍"的感觉。"孤芳自赏"是人的天性。不管自己的作品好和坏，因为包含了自己切身的付出，自然深知来之不易。中国人讲"金窝银窝，不如自己的草窝"，英语里讲"East, west, home is best."所以兴趣一定来自"自己"而非"别人"。

兴趣是一种"自己跟自己的过去对比"后的成就感。只有自己跟自己的过去对比才能总是感到收获。如果总拿自己跟比自己优秀的人相比，会总觉得非但没有 interest，相反是 lose（亏本），是不划算，哪还会有继续做的动力。

兴趣是一种自我陶醉的快感。说直白一点就是"自我感觉良好"。这是一种"自娱"的快乐的感觉。我女儿刚升入初中时经常说不喜欢地理课，尤其是不喜欢地理老师。当时我和太太也给她做过几次思想工作，诸如"学习是自己的事情"、"师傅领进门，修行在个人"云云，也没有看到她的态度因为我们的游说而有大的改观。然而，第一次"月考"的地理成绩她得了"满分"。她对地理的好感和学习兴趣马上高涨起来，由原来的抱怨变成了痴迷。可见"个人感觉"的力量有多么巨大。

所以，培养兴趣就是培养一个人的成就感。

"成就感"是跟自己的过去比较，发现进步后的感觉。

"成就感"不同于"优越感"。

"成就感"是跟自己的过去进行纵向比较后的满足感。

"优越感"是用自己的长处跟别人的短处进行横向比较后的喜悦感。

"挫折感"是用自己的短处与别人的长处比较后的失望感。

因此，教育者在引导孩子时一定要有明确的意图。当孩子骄傲自大时，可以给他一点"挫折感"（让他跟比他优秀的孩子横向对比），使其能保持谦逊务实，戒骄戒躁，但要注意分寸，避免孩子走入自卑而不能自拔；当孩子遭遇挫折，委靡不振时，要提醒孩子的"优越感"（让他跟不如自己的孩子横向对比），使其能恢复自信，重振士气，扭转局面，力求上进。

在这里很多家长容易走入一个误区：总是拿自己孩子的"弱点"去跟别

的孩子的"强点"对比,搞得孩子总是觉得满腹失落,对自己所从事的事情厌倦,"一叶障目而不见了泰山",甚至停下来完全放弃。家长也因此对孩子失去了耐心,而迁怒于孩子,形成不良的"亲子关系"。

千万要记住:人们做事的持久动力是"兴趣+成就感"。

如何开启一个兴趣呢？

人们做事动机的思考

我每次用一个假设来与大家做互动，得到的基本是同样的回答，这是我们对做事动机的思考的源头。

案 例 甲

你的隔壁住着一个美国老头，现在他们家没有人，没锁门，在他的书房的桌子上有一张电脑光盘，现在要你去拿给我。我保证你的安全。

情形一：请问你去吗？

人们一般都说"不去"。因为不经过别人的允许到别人家拿东西叫偷。这是最起码的道德问题，所以不能去。

情形二：现在我告诉你，这个老头是美国的一个军事专家，这张光盘里有一个军事计划，名字叫天罗地网。里面记录了美国对着中国的所有导弹的

布置情况，如果中国军方能获得这个情报，就可以避免中国遭受毁灭性打击。你的做法是为了中国的国防，请问，我现在让你去拿，你去吗？

都说"去"。因为你拿到它之后就变成了"民族英雄"，为中国人民做了一件大大的好事。不要说安全有保障，就是冒着生命危险都要去。

情形三：现在我告诉你，这个老头是美国的一个军事专家，这张光盘里有一个军事计划，名字叫"天罗地网"。里面记录了美国对着伊朗的所有导弹的布置情况，如果伊朗军方能获得这个情报，就可以避免伊朗遭受毁灭性打击，整个伊斯兰世界会把你当英雄来崇拜。请问，我现在让你去拿，你去吗？多数人回答："不去。伊朗跟我没关系，我为什么要去偷。"

情形四：现在我告诉你，这个老头是美国的一个军事专家，这张光盘里有一个军事计划，名字叫"天罗地网"。里面记录了美国对着伊朗的所有导弹的布置情况，这个情况是美国用来误导伊朗军方的反间谍措施，如今伊朗军方不知实情正在千方百计地找寻，因为你是个中国人不会引起美国军方的怀疑。请问，我现在让你去拿，你只要把光盘给了伊朗你将能得到美方的1 000万美金酬劳，并且可以移居美国，FBI从此负责你的安全。你会做吗？

可以考虑。

我们来看，就是这么一件简单的事情，做起来的难度没有任何的改变，而人们的态度却时左时右，有天渊之别。

结论：

人们做事的动机，是由其注意力的最终落脚点决定的。

人们只在乎结果使自己感觉的好与坏，并不在乎事情和过程本身。

案 例 乙

你拿了一大堆游戏光盘去你的美国朋友家玩，回来后发现你错拿了朋友的爸爸的一张光盘。你对光盘里的内容一无所知，光盘被你的爸爸拿去了。

情形一：

爸爸告诉你，这张光盘只是一张普通的游戏光盘，没有什么特别之处。

你朋友家有很多类似的东西,还与不还没关系的。你的个人感觉是什么呢?

"没什么的,只是一件小事而已。"

情形二:

爸爸告诉你,你的朋友的爸爸原来是美国的一个军事专家,这张光盘里有一个军事计划,名字叫"天罗地网"。里面记录了美国对着中国的所有导弹的布置情况,中国军方获得这个情报,事关中国的国防大计,非同小可。你感觉如何?

为祖国立了大功了。自豪感,荣誉感,爱国主义都来了。马上决定把它送交中国军方处理。

情形三:

爸爸告诉你,你朋友的爸爸是个美国军事专家,这张光盘里有一个军事计划,名字叫"天罗地网"。里面记录了美国对着伊朗的所有导弹的布置情况。如果你不把这张光盘还给你的朋友,他的爸爸将被送上军事法庭,一生就完了。你什么感觉呢?

责任感,兄弟义气马上来了,无论如何要送回去。

结论:

事情做完后的感觉,不是事情本身产生的,而是我们后来添加或提前赋予的。

综上所述,我们不难发现:人们做事的动机与事情本身的难与易没有关系(难是不做的借口,也是做的理由),只在乎结果让自己感觉好与坏,而感觉是提前赋予或后来添加的。

定义快乐(幸福)

在英语中,快乐与幸福是一个词,都是指人们开心、满足的感觉。

人们做事的动机永远只有两个:一为追求幸福;一为逃离痛苦。在培养学生学习兴趣上,主要是前者,令他们感到快乐(幸福)。

人们在什么时候感到快乐呢?

西方有一位哲人曾说过:幸福(快乐)不是富有的产物,而是最近变得越来越富有的产物。(Happiness is not the result of being rich, but of having recently become richer。)一句话道出了幸福(快乐)的真谛。这里的富有当然不只是指财富的富有,同样指知识、阅历等林林总总的收获。幸福的关键在于跟自己的过去相比,收获要变得越来越多,才快乐;反之,人们会越来越痛苦。

想让一个人对一件事情失去兴趣,甚至放弃,最好的办法就是让他们感到"每况愈下"(the result of having recently become worse)。有一个这样的小故事:

在美国佛罗里达州,一个单身的老太太,因为厌倦了都市的喧嚣把家搬到了远离市区的郊外,希望能够享受郊外的宁静。刚开始几天过得很满意,可是好景不长。她家门前的一块空地被一群小男孩选做了足球场。孩子们每天放了学就来这里踢球。他们跑啊喊啊叫啊,玩得特别开心。这可苦了爱清静的老人。老人也曾尝试在门口写标牌,让人遣散他们,但孩子们不听这一套,还是该玩的玩,该喊的喊。最后老人想了个办法。

她把孩子召集到一起,告诉他们:"孩子,我是个特别怕寂寞的人。你们每天来这里玩给我添了很多的乐趣。我想雇你们每天在这里给我表演足球比赛。每天踢一场比赛我给你们每人发一元钱作为报酬。你们同意吗?"

孩子们听后觉得非常开心。之后孩子们玩得更开心了。老太太开始每天出来看他们比赛。

过了几天之后,老人又把他们召集到一起,说:"孩子们,你们踢得非常好,我非常满意,但有一点,我的经济承受能力有限,每场比赛给一元钱有些太多,我承受不起,这样吧,以后每场比赛每个人我只能给50美分。"

孩子们听完后,尽管不太高兴,但还是接受了。比赛依旧每天进行。老太太也像以前那样每天来观看比赛。

又过了几天。老人又把他们召集到一起,说:"孩子们啊,尽管你们的表

演非常卖力,我不得不告诉你们一件事,我的退休金出了些问题,以后我不能付给你们钱了,我希望你们每天还能来踢球。"

孩子们开始不乐意了。不给钱,我们凭什么还给你表演。

第二天,老人又来看比赛时,没有看到一个孩子来玩。之后,他们再也不来了。

老人笑了……

有人不理解,香港影视巨星张国荣为什么要三番五次地自杀,终于永远地离开了我们;北京海淀区知名高校中,为什么每年都有学生(他们都是学习中的"天之骄子")选择自杀来结束生命,他们取得了辉煌的成绩,将来的前途也是无可限量的啊……

原因很简单,他们在自己的事业或学业上遭遇了困境和挫折,不再"最近变得越来越富有",相反"最近变得越来越贫穷"(在感觉上、感情上、事业上等,尽管跟别人比,他们还是富有,但他们不在意)。开始越来越痛苦,直到最后不能自拔,开始轻生,最后放弃了最宝贵的生命。

快乐(幸福)是一种心态,而不是一种状态。

幸福来自自己的内心。所以,"追"和"求"幸福的人永远不幸福,幸福(快乐)不在身外。千方百计地想给予别人快乐的人也成功不了,因为快乐没有在他自己的身上,他也无法像给东西一样地转移快乐,只能告诉别人让自己感到幸福的方法,让他们自己开始感到幸福。

幸福是指人们觉得"幸运"和"福气",从而带来快乐。幸运和福气同样是一个人自己的"内心感受",是个人感觉。这种个人感觉由别人告知或自己认为的——只是一个"定义"。

幸福与快乐是"定义"出来的,不是事情本身自带的。比如:

"国庆节"是每一个国家的一个举国欢庆的日子。这个日子只是历史长河中平凡的一天,只是政府把它"定义"为一个重要的日子,每到那一天整个国家开始让国民回忆"往昔的峥嵘岁月"和歌颂今天的太平盛世及瞻望明天的辉煌未来。每一国家都有自己的国庆日，每一个国家的国民都要在不同的时间感受来自不同政府给"定义"的感觉。

快乐不是创造出来的，而是定义出来。快乐来源于每个阶段的关注点。过程中所有的苦与痛，都在关注点上化成刻骨的甘甜。

我们应该快乐，我们应该知道怎样才能更快乐。正如英国"桂冠诗人"约翰·梅斯菲尔德的诗句：

The days that make us happy make us wise。（快乐的日子使我们聪慧）

——John Masefield

让我们看一个案例吧：

贾仕豪的故事

贾仕豪，河南省郑州市人，乳名虎子，男，准四年级学生，待人接物，彬彬有礼，谈吐不凡，街坊邻居称之为"小大人"，可是……

就是不喜欢写作文。我跟他进行了一次谈心，下面是我们谈话的现场实录：

在场人员：贾仕豪(文中简称豪)、他的奶奶、妈妈、王飞(文中简称师)

过程：

师：你怎么就不爱写作文呢？

豪：我不会写。

师：什么都写不出来吗？

豪：不是，我只要愿意写的就能写。难的题目就不会写。

师：什么是难的题目？

豪：老师给的题目，一般都是难的题目。

师：什么是你愿意写的呢？

豪：我自己编故事。

师：好啊，那就自己编，能写多少？

豪:想写多少就能写多少。

师:那好啊,叔叔帮你出本书,好不好?

豪:出什么书啊?

师:你编的故事啊!

豪:我编科幻小说怎么样? 写童话行吗?

师:行啊,太好了,把你看的孙悟空、奥特曼、咸蛋超人都写上去也没有问题。

豪:哦! 写书有什么用啊?

奶奶:卖钱啊,你写完后,别人要读就要给你钱啊。(奶奶回过头对老师说)我们这孩子,很有经济头脑,平时生活可节俭了,一说挣钱的事就来精神。

妈妈:是的。我领他到我们单位(饭店)去后,总是给我出主意,让我这样做,那样做,就可以挣更多的钱。

师:虎子,想写书吗?

豪:嗯。

师:你一天能写多少字啊? 写你愿意写的童话。

奶奶:写 1 000 字没有问题吧?

豪:写不了。

师:写 500 字呢?

豪:也写不了。

师:100 字呢?

豪:行。

师取过《问答式学习方法课》一书,将封底"影响教育理念"的一个"豆腐块"文章给豪看,问:一天能写这么多吗?

豪接过,看毕,说:能。写这么多没有问题。

师:数数一行有多少字?

豪数完,说:一行有 31 个字。

师:共有多少行?

豪:11 行。

师:共多少字?

豪:300 多。

师:每天 300 字,100 天,能写多少字?

豪:3 万字。

师:这本书知道多少字吗?

豪:???

师:书的序言前面有字数 18 万。实际字数 12 万多点。一百天 3 万,12 万字多少天?

豪:400 天。

师:简单吗?

豪:嗯。我还想画画。

奶奶:你可以把自己的画配到文章里,就变成连环画了。

师:一配插图,6 万字就可以了,200 天就能完成。

豪:我画得不好,怎么办?

师:我们可以请专业的画家给你画,你只要把文字写出来,他们会给你配好的。我的那本大书里的插图就是请专业的画家给画的。

豪:请画家还要花钱啊,我没有钱。

奶奶:你可以用卖书的钱来支付啊。你看这本书定价 28 元。别人买一本书就会给你 28 元。还会没钱吗?

豪:我愿意写。

之后,一个不喜欢写作的孩子居然每天愿意拿出三个多小时的时间来创作武侠小说。到今天我们的谈话已经有两周了,他依然每天在进行着自己的"创作"。

第一:我们告诉了孩子创作小说的方法。

第二:让他坚信自己一定能够完成。

第三:让"写书可以挣到钱"成为他坚持下去的理由。

一旦兴趣启动,再将其引上"专业化"的道路(在上篇中的"会玩"一部分里有详细地论述,此处不再赘述)。孩子有所成就,那是理所当然的事情。

规则激发兴趣

对学习非常"痴迷",家长、老师不让他们学习,他们自己就离家出走,不惜与家庭和老师决裂的学生有多少?

为数很少。

对电子游戏非常"痴迷",家长、老师不让他们玩,他们自己就离家出走,不惜与家庭和老师决裂的学生有多少?

为数众多。

为什么会是这样呢?

学生上网已成为当今校园的一大公害,家长老师无不喊打。而在美国和欧洲的一些发达国家做的事情是完全相反,鼓励孩子使用电脑,上网。学校越来越多的活动通过因特网来实现,如作业的批改、解答、现在的考试都开始在网上进行(托福网考、雅思、GRE 等考试马上改为网考,不出三年中国的四、六级考试,乃至高考都会采用这种方式)。网络不是洪水猛兽,而是一次人类历史的革命浪潮。

我们还是来研究一下游戏吧!

到网上去可以看到,有很多的游戏吸引着人们痴迷地玩。所有的游戏的内容和玩法千差万别,但它们却有着相同之处,正是这几点相同之处让玩家疯狂不能自已。

它们是用规则来吸引人,而规则也都是由三部分组成:积分、等级和夸张的等级名称。我们来分析一下个中的奥秘。

- 积分——跟自己过去比,总能看到进步。

- 等级——每一个目标非常清楚，只要努力就能实现。
- 夸张的名称——个人感觉极好。

当一个人在做事情时，产生了这样的感觉：我一直能看到自己的进步；我很清楚我的每一个目标，只要努力就能实现；每时每刻自己感觉极好。当然拥有自信，拥有热情，拥有持久的动力。

"人们做事的热情跟做的事情本身关系不是特别大，人们在意的是做完事情后的感觉。"这是我们前面得出的结论。

运用以上思想，我在英语教学中做了尝试。在教学中我定出如下规则：

奖 励 制 度

每回答对一次问题，或有一次出色表现获得一个"★"，每五个"★"(star)得到一个"◆"(diamond)，即可获得一个奖品。"◆""★"的数量是积累的，只要积攒够了就发奖品。发奖时间在每节课的开始，每节课结束时宣布下节课的获奖名单和全班的"★"的情况。马上就可以获得"★"的同学积极准备，以便在下次课堂上能好好表现得到所欠的"★"的数量。凡是作业不好或上课不好好表现的会被扣"★"。

有一次出色表现获得一个"★"；

每五个"★★★★★"(star)得到一个"◆"(diamond)；

1个"◆"(diamond)，可得到一个果冻；

2个"◆"(diamond)，可得到一个英语本；

3个"◆"(diamond)，可得到一支笔；

4个"◆"(diamond)，可得到一个真知棒；

5个"◆"(diamond)，可得到一部英文动画片；

--5钻"学员"

6个"◆"(diamond)，可得到一个jelly；

7个"◆"(diamond)，可得到一个英语本；

8个"◆"(diamond)，可得到一支笔；

9 个"◆"(diamond)，可得到一个真知棒；

10 个"◆"(diamond)，可得到一本由英美作家写的英文故事书；

--10 钻"学者"

11 个"◆"(diamond)，可得到一个 jelly；

12 个"◆"(diamond)，可得到一个英语本；

13 个"◆"(diamond)，可得到一支笔；

14 个"◆"(diamond)，可得到一个真知棒；

15 个"◆"(diamond)，可得到一本牛津双阶英汉大词典；

--15 钻"专家"

16 个"◆"(diamond)，可得到一个 jelly；

17 个"◆"(diamond)，可得到一个英语本；

18 个"◆"(diamond)，可得到一支笔；

19 个"◆"(diamond)，可得到一个真知棒；

20 个"◆"(diamond)，可得到一个文曲星电子词典；

--20 钻"教授"

我用上面的制度解决了教学中各种问题：

每堂课前做的事情就是"晋升颁奖"。晋升者要到前面来领奖，重要的级别晋升时要分享，谈感受，表决心，放大梦想，加强美好的感觉。

1. 调动课堂气氛。上课回答正确一个问题有一个★，所以学生都抢着回答。老师可以把比较难的问题给反应快的同学，把相比较容易的给一般的同学回答，掌握个平衡，让每个同学都能在课堂上找到感觉。

2. 背英语课文。每天的晨读时，能把课文流利地读出来的同学得一个★，能背下来的得两个★。学生一般都会尽量地背，基础差的同学也可以通过背课文来弥补在课堂上回答问题不好而得不到的★。

3. 背英语单词。上课听写时，能写对 90% 的同学得一个★。

4. 阅读英语文章。主动阅读三篇文章得一个★。

5. ……

总之,只要老师认为学生该做的事情,就以★来鼓励,认为不好的就罚★。在实行的过程中,许多孩子说出了自己的感受。

"老师,你的奖品,我们并不在意,我们在意的是领奖时的心情和授衔时的感觉。"一个同学说。

"我们的孩子从没有像这样学过英语,假期里,上午上完课,下午晚上就是背呀写呀,晚上梦里在说'英语真难啊'。"一位家长说。

"孩子今天发着烧来听课的,因为就差一个★就可以做 10 钻学者了。"另一位家长说。

……

在使用"奖励制度"学英语时,还有的学生说:

"老师你骗人,你每节课最多给一个钻石,得到 20 个钻石太难了。我觉得应该背一段简单课文给 2 个星,背一段难度大的课文该给三个,两段给 6 个星。"

我说:"不行,我怕你们累坏了"。

……

我在全国各地做讲座,时常结识一些推广"经典诵读"(让孩子背《弟子规》、《论语》等古籍,我个人是不赞成这么做的)的朋友。基于上面思想,我给了他们一套激励学生背《论语》的规则。他们试验之后,效果也是非常不错。

制　　度

《论语》总共 509 段,其中 90%的段落只有一句。

半部《论语》治天下。只有 250 句。

50 句《论语》超过一般成人的古代汉语水平。

100 句超过初中生的文言文水平。

150 段超过高中生的文言文水平。

200 句超过一般大学本科生的汉语言水平。

250 句达到国学院本科毕业生水平,思想上具备了政治家的水平。

350 句达到一般汉语言文学硕士水平。

450 句达到汉语言文学教授的水准。

509 段纵使中国的国学大师也尚无一人能做到。

每一次在开始这项制度的时候先要做意愿动员,讲给大家一个故事:

故事发生在美国的一个养老院。

一个老人入住进来之后不久,就开始不安起来。他发现老年人的生活非常平淡,又发现有不少老人因为这里生活简单,每日像钟表一样机械地重复度日,毫无新鲜感因而换上了老年痴呆症。也不知道他从哪里得来一个信息:背诵文章能延缓人大脑的衰老,可以预防老年痴呆症。于是,他就找到了两本书,荷马史诗的《奥德赛》与《伊利亚特》。里面都是诗文,合辙押韵,容易上口。

刚开始的时候,因为人的年龄大,背诵进展得非常缓慢。不过老人并不在意,因为他背诵的目的是防病,所以没有企图心,多少无所谓,只要在背诵就可以了。

几年之后,这位老人居然能够整篇地背诵《奥德赛》与《伊利亚特》。养老院的工作人员知道这件事情之后觉得非常好,这种方法推广起来经济易行、简单有效。于是让老人给大家分享背诵的体会,推广他的做法。这件事情,被当地电视台得知后,电视台把他请去做节目,一下得到了社会的关注。这个节目惊动了哈佛大学,校方认为这是一个很好的励志典范,老人被哈佛请到学校去给那里的学生背诵荷马史诗。

这件事在美国掀起了一个经典背诵小高潮,老人一下成了名人,找了经纪人,到各州各地去背诵荷马史诗。原本孤独的老人创造了多姿多彩的生活。

迟暮之年的老人的记忆力,当然不可能与"早晨八九点钟的太阳"相比,所以,小朋友们背诵《论语》自然也不是件难事。按照上面的规定,如果你想提前把自己的古汉语水平提高,去背诵就好了。

时间没有限制，一年完不成，可以两年，甚至更长时间。半部《论语》治天下。只要你能把 509 段背过，你照样会被学校、电视台请来请去，成为公众人物。大家有信心吗？能做到吗？听众都说能。

《论语》这么晦涩难懂的内容，学生在背的时候也是甘之如饴，收到了良好的效果。孩子在乎的不是背的什么而是背完后自己的感觉。

规则是老师给学生制定的，完成规则后的感觉是老师"定义"并使之感受的。不管家长和老师怎样启动学生的做事意愿，如果规则不合理，让他个人感觉不好，学生也会产生厌烦，乃至放弃。合理的规则一定是要让学生感到：

我一直能看到自己的进步；我很清楚我的每一个目标，只要努力就能实现；每时每刻自己感觉极好。

真正的兴趣与动力不是存在于事情之内，而是隐藏于规则之中。

考试排名机制与游戏机制之对比

	考 试 排 名	游 戏
体制特点	优胜劣汰，选拔精英	战胜自我，个人成长
价值取向	大家认同（社会价值）	个人认同（个人价值）
个人感受	优越感（战胜对手）	成就感（战胜自己）
需求来源	社会外在需求	个人内在需求
精神归属	优胜者的天堂	所有人的乐园
活动特点	多姿多彩	简单重复
关注点	较量后的结果	过程中的体验
事后反应	20~30%的人快乐 70~80%的郁闷	取得胜利后，欢呼雀跃 遭遇挫折后，卷土重来

从上面的表中我们不难读出"考试排名"与"游戏"两种评价手段的优劣以及目前孩子教育中存在的一些问题的答案。

媒体对在校的中小学生的调查结果显示：60%~70%的学生"厌学"，这是为什么？

学校对于所有的中小学生来说是个"战场"。诚然,每次考试对自己的学习成果进行了一次检查,但考试成绩排名,却把所有的注意力引到了"战斗结果的公示"上。20%~30%的同学因为战胜了他们的对手在集体中展露了头角,赢得了来自别人(家长、老师和同学们)的喝彩,同时这也是压力。而剩下的70%~80%的人作为失败者,承受着外界的质疑并且自信开始动摇——多次动摇后会开始自卑。试问,有谁会愿意总是参与一个自己败多胜少,总为别人做陪衬的游戏呢? 当然60%~70%的失败者有怨言甚至想退出。没有人愿意落后,即使最差的学生也不例外。

然而在游戏机制里情况就不同了。游戏的参与者不在乎别人得了多少,只在乎自己该得的有没有得到(即自己是否在成长),因为他们的注意力主要在自己身上。游戏规则完全可以扶持弱者而又不伤害强者,当然可以使参与者不是彼此之间的恶性竞争,而成为各自的良性成长。游戏机制里的积分功能:激发了弱者的兴趣,增强了前进的动力,模糊了强者与弱者的距离。

我们在这里不是否定考试,而是不主张把"考试成绩排名"作为主要的"学习状况"评价手段。

考试是"查漏补缺"的手段。每一次考完是"收获"的季节——成绩好的学生收获的是"经验";成绩一般的学生收获的是"教训"。教训同样是成长,同样是进步,同样是越来越富有。这也是幸福的感受——幸福的关键在于跟自己的过去相比,收获要变得越来越多,才快乐。

教育培养的是感觉,开启的是兴趣

教育的最终结果:

是培养一个人超强的自信;

给予一路坚持的理由;

告知正确的方法。

我们师长所做的永远是:先给他们的行为赋予快乐,然后再告诉他们给自己的行为赋予快乐的方法。

制定"规则"，培养"自信"，传授"方法"。规则激发兴趣，定义快乐。让学生"自己相信"，他们能做成他们想做的任何事情。

人们想不想把一件事情坚持下去，不在于你对这个人讲了什么，而在于对照规则后他感觉到了什么。

这样不就开启兴趣了吗？

自信是个变压器。如果一个人的能力值是10，自信的人就能用10发挥出100；自卑的人就只能把10发挥出1。

看过《功夫之王》与《功夫熊猫》之后，一直有一种冲动在体内激荡，让我不论如何一定要写点什么，再不写会憋出病来的。这大概是文人的"通病"——有感必发，不发不快吧。

在一次电视"脱口秀"节目里听说，一个好莱坞的导演娶了"孔圣人"的第76代后人孔令华女士（Crystal Kung），这个人深爱着中国功夫，并且拍出了电影《功夫之王》，这才开始关注这个人。才知道，这位导演名字叫罗伯·明科夫（Rob Minkoff），他的作品《狮子王》《精灵鼠小弟1》《精灵鼠小弟2》《谁害了兔子罗杰》等居然都是我这个动画迷特别爱看的动画片。另外，成龙与李连杰首次银幕对决的"噱头"也吊足了我的胃口，于是满怀着期待与热情开始看《功夫之王》。但是，除了对里面成龙大哥一身"风尘神丐"的打扮却操着硬帮帮的英语有些觉得不伦不类之外，电影没有看完就去"出差到梦州神游"了。

时隔不久又听说罗伯的动画作品《功夫熊猫》上映了，并且好评如潮，再加上本人又是"骨灰级"的动画迷，不管好坏一定要一睹为快。罗伯不愧是好莱坞的动画大师。这部片子让我两天之内连看四遍，连呼过瘾。

在宁静祥和的"和平谷"（The Valley of Peace）里，生活着一群悠闲可爱的动物。其中，熊猫肥波（Po）（杰克·布莱克配音）和自己爸爸经营着谷内最火的面馆。肥波在店里做"小二"，并且未来会是"面条世家"的新一代传人。

肥波一向以好吃懒做而闻名，同时也是天底下最热血的中国功夫迷。善良诚实的它倒也常得到人们的喜爱。然而，一只凶猛邪恶的雪豹太郎（伊恩·麦克肖恩配音）的闯入，使得整个和平谷面临前所未有的威胁。为了能够铲除恶豹，还和平谷的居民们以和平，谷里的长老乌龟大师决定召集各路好汉，以比武大会的形式推选出最强悍之人前去迎敌。由于机缘巧合，肥波乘坐着"烟花"摔入比武现场，成了传说中的"从天而降"的神兵，在一片嘘声中被远见与智慧的化身乌龟大师指定为天将降大任的"飞龙战士"（Dragon Warrior）。刚开始时，肥波不被接受，甚至被非议、排挤、责难，最后终于在"师傅"的调教之下，爸爸的点化之下，经过殊死搏斗，力挽狂澜，战胜了邪恶残忍的敌人太郎。

这是一个非常老套的传统武侠题材的故事。我们不难看出，在肥波的无厘头搞笑中，隐约可以看到香港功夫演员洪金宝的影子。里面的武打设计，打斗场面，一眼就看出出自"八爷"袁和平之手，里面抢馒头的情节可以在成龙的早期作品《蛇形刁手》和洪金宝主演《林世荣》中扮演的"猪肉荣"身上看出痕迹。更不用说"愤怒四侠"、武林大会了，金庸的小说里比比皆是。师傅的造型及说话的语气也酷似电影《忍者神龟》里的师傅……

然而，后面陡然在极为传统的东方故事里显出"美国梦"元素和美国强调个体的人文主义（Individualism）价值观。先是乌龟大师反复说"根本没有偶然"（There are no accidents。），并且一再让对肥波没有信心的"师傅"一定要相信肥波，对肥波有信心才是最重要的。终于在从"飞龙秘笈"（Dragon Scroll）出现之后，浓重的西方色彩昭然若揭。肥波从师傅那里学会了武功，但依然觉得没有必胜的把握，依照传统的东方武侠套路，"飞龙秘笈"一定能赋予肥波以"超能力"，而"飞龙秘笈"却是一面"镜子"，除了看到自己，什么都没有。

中国的武侠套路，弱者都必须靠"龙丹"、"秘笈"、"高手传输内力"等"外力"、"神助"之类的外科手段才能成为强者。这些无不折射出神秘的东方文化里面临困难时，祈天求福，呼唤明君，期待奇迹的种种逆来顺受的"无奈"情怀。

这样的故事会起到什么样的教育作用呢? 真的有奇迹吗? 如果有的话，奇迹又来自哪里? 是上天的赐予，还是我们自己的奋力拼搏?

我们来看看来自西方的观点吧。《国际歌》里是这样唱的：

......

从来就没有什么救世主也不靠神仙皇帝

要创造人类的幸福全靠我们自己

我们要夺回劳动果实让思想冲破牢笼

快把那炉火烧得通红趁热打铁才能成功

这是最后的斗争团结起来到明天

英特纳雄耐尔就一定要实现

这是最后的斗争团结起来到明天

英特纳雄耐尔就一定要实现

......

【注:英特纳雄耐尔,即 international,此处指共产国际】

当"飞龙秘笈"于事无补时，肥波和师傅也都决定放弃了。师傅决定要以死相拼，肥波也决定把这件事情当做一场"大侠梦"(就像故事开头时的那场梦)而结束。然而，当他正想从"飞龙战士"梦中醒来，回到现实中去继续做自己的"店小二"时，爸爸的一番极具哲理的话，使肥波"恍然大悟"。

......

My son, it's the right time to tell you the truth。 The secret ingredient of the secret ingredient soup is nothing.

爸爸说:孩子，是该告诉你的时候了。我们祖传秘方面汤的秘方是什么都没有。

To make something special , you just have to believe it's special。

使事情与众不同的方法,就是相信他与众不同就够了。

······

此时整个故事的思想得到了升华。

教育培养的最终目标是什么?

第一:告知他正确的方法,告诉孩子怎么样去做就能成功。

第二:培养超级自信的感觉。什么叫自信?全世界人都不相信,你只要他相信就行,全世界人都不信,只要我一个人信,我就会去做,会去往这个方向努力。你告诉孩子你能就可以了,哪怕你心里想这怎么可能,但你只要相信他能他就能。

第三:给一个一路坚持的理由。不管这个理由有多么的荒唐,只要他们在沿着正确的方向,用着正确的方法,最终结果一定会好。

附:背《论语》轶事

女儿背《论语》的那一段时间,有一天,我们一家三口在饭店吃完饭,我随便开了句玩笑,说:"我请你母女俩吃饭,你们连句谢谢都不说,真让我伤心。"

"有什么好谢的。你是一家之主,这样做是应该的。"我女儿不以为然地说。

"你怎么能这么说呢,不管怎么说是我请你们,我花了钱,你居然这么想。唉,当真如夫子所言'天下惟女子与小人为难养也'。"我说。

没想到我的这句话招来了女儿的一大串反驳。她说:"你引用孔圣人的话,这句话是什么意思,你知道吗?"

我一愣,问道:"那你说什么意思?"

"这句话根本就不是你说的那个意思。全文是'天下惟女子与小人为难养也,近之则不孙,远之则怨'。当中的'女子'并不是现代汉语中女人的意思,而是指"没有完全离开母亲照料的孩子"。女子指女人是现代汉语的用法。孔夫子是把孩子与小人相提并论。孔圣人怎么能像某些人那样歧视女人呢?"

我顿时觉得好奇:"有道理,你是听谁说的?"

"网上有啊,《时代华夏》杂志的一篇叫做《发现论语》的文章中说的。你还自称做学问的人呢,怎么可以这么信口开河呢!"

我被她抢白了一阵子,觉得很有意思,解释说:"我没有歧视妇女,我只是想让你们体谅我,我为你们付出了很多,我也不易啊!"

"为什么让我们体谅你,你就不体谅我们呢,我们也不易啊。子曰:'不患人之不己知,患不知人也。'这才是你应该做的呀!"

……

我投降,但我高兴,她居然会用孔圣人的话辩论了,一个小学六年级的学生啊,真的也像她讲的那样——"不易啊"。

下 篇
"影响教育"百花园

　　以下内容是一些家长在教育孩子中的体会和感言，可以说他们的话都是发自肺腑的。

　　还有一些孩子的习作，它们虽然稚嫩，但却充满真情和感动。……

　　也许这点点滴滴对你、对我都有所启迪。……

"影响教育"志愿者感言

花园硕果

我之所有，我之所能，都归功于我天使般的
母亲。

——林肯

"影响教育"
志愿者感言

以下是第一期"影响教育"志愿者体验式训练营上，志愿者发言选登。

● 翟翠娟 —— 一位郑州市的孩子家长，"影响教育"志愿者

各位亲爱朋友,大家晚上好!我自己自告奋勇第一个上来,如果讲不好,我不认为老师会给我扣分,因为我是很勇敢的。首先自我介绍一下,我叫翟翠娟,很多人把我叫成瞿翠娟。我教大家一个怎么样记住我姓名的方式,大家都学过高中的历史,学过墨子名翟,它的"翟"就是我翟翠娟的"翟"。我的名字里有四个"习",加到一块是一双翅膀,这也是我的父母希望给我一个人生的翅膀来展翅高飞,请大家下次一定要记住我的名字。另外是我对教育的认识和困惑,我想大家都经历过小学、初中和高中,大家的年龄应该都差不多,可能很多人对教育的认识跟我一样。

我从小生活在一个小乡镇里,小的时候上学是自发性的学习,父母在教育方面对我的帮助是非常小的,他们只能给我提供生活上的帮助。但对我来说,父母给我最好的是一个人格的培养。对于教育,我上学的时候一直是文科非常好,理科非常差,我时常想为什么我的理科学不好。结果生完孩子之后,3岁就把他送到数学班去学习,我怕他遗传我——文科好,理科不好。可是现在颠倒过来了,他是理科好,文科不好,现在听了王飞博士的"影响教育",首先我要感谢李龙老师,是他到公司去给我们讲到"影响教育",当时他并没有提出品牌。在他的讲课中,给我印象特别深刻的就是"连词造句",让不愿意写作文的孩子,慢慢演变成爱写作文,最后家长非常感谢他。当时我也非常感兴趣,我想哪怕再上一次当,我也要买票来听,结果听了之后当时我跟我的同事说,这次讲得太好了,所以我要感谢李龙老师,当然我也要感谢我自己对教育的深厚感情。

每听一次王飞博士讲"影响教育"的课,我都有深刻的认识,因为我相信听过很多知识讲座的人都有一种感觉,听的时候热血沸腾,出门之后就没有感觉了,所以它缺乏一步一步扎实的根基,出门之后大家就感到茫然,茫然之后就忘完了,而我回家之后就按照这个方式教育孩子,我的孩子刚上小学一年级下学期,我就是从王飞博士讲的方法给孩子读故事做起,我的孩子也发生了很大的改变。原来我一直以为他不爱看书、不爱学语文,但是一段时间之后,他竟然主动要求听,坚持一个星期之后,他主动要求说"妈妈,你再给我读吧!"我觉得这个方法真是太好了,一步一步地来。

我相信大家不单单希望自己的孩子得到教育,有了这么好的方法,我希望更多的孩子受益,我相信大家都有这样的期望,对吗?如果我小的时候就得到这样的教育,我一定也可以把理科学得非常非常好。

至于我人生的座右铭,我不像邱羽老师那样有超强的行动力,我最喜欢的一句话是一个外国人说的,我不知道是谁了,他是这样说:"我希望像蜜蜂一样地工作,像蝴蝶一样地活着。"他的意思就是说工作的时候拼命地工作,生活一定要丰富多彩。但是我把这句话给我的一个同学说了,他说你怎么喜欢的都是采花的呀!最后我仍然还是要说感谢,不管未来的路怎么走,不管是像蜜蜂一样还是蝴蝶一样,我还是非常感谢"影响教育"给我们这样一个美好的未来,至少会给我孩子一个美好的未来。我相信,并且在我自己影响孩子的基础上影响我自己、影响我家人、影响我周围的人。还是一句话，感谢"影响教育"，感谢王飞博士和邱羽老师。

谢谢大家！记住我的名字——翟翠娟。

●关军 —— 一位郑州市的孩子家长，"影响教育"志愿者

给大家作一个自我介绍，我叫关军，不熟悉的人以为我是冠军，而且我的名字用键盘打出来的时候先出来的也是"冠军"，但是我姓关，军队的军。

要说感谢引路人，只能感谢我太太，顺便介绍一下这是我的太太——我们家的领导，王彩虹女士。我就是通过她才接触到"影响教育"的。但说老实话，王飞老师的课我只听过一回，对"影响教育"还不是很深刻，但是我感觉有很多地方引起了我的共鸣。我做这么多年的教育，一直就是在想，孩子要想学习好，必须做到哪些？按照最经典的说法是三样——能力、动机、途径。过去我一直在这三个里面研究，我觉得动机是最重要的。一个孩子要有足够的吸引力才能让他学习东西，但是听了王飞老师一句话之后，我就觉得很好，我感觉"途径"也非常非常重要，就是方法。如果他有一个很好的途径，一方面能提高他的能力，另一方面也能足够地增强他的学习力，我单纯从动机上也做了很多工作，从各方面的引导，结果我发现可能不如王老师的可操作性强。而且，我上一次听了王飞老师的一堂课，感觉非常非常好，有很多很多东西，但还是有一点困惑，那就是激情过后怎么办？要坚持，有人能坚持，像我太太，我坚信她能坚持，所以我太太学习特别优秀，考学、考试考得都特别好。

但有人坚持不住，比如我，我就是一个特别不能坚持的人，我上学的时候脑瓜很好，口齿也很伶俐，大家也能看出来，但是在坚持这方面很差，激情过去就不行了，最好别让激情过去或者让激情晚一点过去，至少让激情过去以后还有热情，这样才能很好地去做，怎么让激情晚点过去呢？我觉得最重要的一点，就是我看王飞老师整个系统都做得非常好，特别重要的一件事就是做计划，但是在做计划中间要做一件事情，要把你可能遇到的困难、你可

能坚持不住的理由都列出来,然后找出解决方案解决它,在你做计划的时候就把这个事情搞定,这样的话激情可能会减弱得慢一点。

这是我个人的小小看法。

(鼓掌)

接下来谈谈从"影响教育"得到什么。因为我一直是做教育培训的,而且我的主攻方向是交流方面的,但是我接触到王飞博士以后,我就觉得影响教育可能对我的一些弱项,会有很大帮助,特别是对我按部就班、踏踏实实、一步一步、可操作性强地从事我的工作,包括对孩子的指导方面都会对我有非常大的帮助,我也非常非常期待我能在这方面取得很大的进步。

我的座右铭,也是希望对大家有帮助的一句,苏格拉底这样说:"教育不是灌输,而是点燃火焰。"最后,非常感谢"影响教育"让我们非常感动,在座的各位都是怀着一腔热血,为我们的孩子、为我们的未来来到一块儿,希望通过我们共同的努力,在王飞老师和邱老师的帮助下,让我们做得更好。

谢谢大家!

●王彩虹 —— 一位郑州市的孩子家长,"影响教育"志愿者

刚才我家先生把我顺便也介绍了一下,我叫王彩虹。我想我爸妈给我起这个名字,可能是希望我像彩虹一样美丽,但是我没有敢这样奢望过,我只希望我的人生能像彩虹一样色彩斑斓。我是1971年出生的,是属猪的,人家都说猪年出生的人比较幸福,我自己也感觉确实比较幸福,有非常疼爱自己的父母、姐姐、哥哥,后来又有了非常疼爱自己的先生、非常可爱的孩子,可以说是一个非常幸福的人。首先也先感谢我的引路人,我的大学同学赛素平女士。

(鼓掌)

在没有孩子之前,我没有认识到教育有多么重要,只是感觉到顺理成章孩子就能够健康地成长,自己有了孩子以后,才开始对教育方面特别关注,

开始看国内、国外各个方面关于教育方面的书,教育的讲座刚才这位翟女士也说了,也听了很多,但是确实是像翟女士说的一样,非常有同感。就是说王飞博士的讲座给我的感觉就是非常有震撼性,因为过去也听过一些,没有什么引起自己共鸣和回家可以操作的东西,但是王飞老师这套教材和王老师讲的方法非常有可操作性,孩子也从中也得到了快乐,这是很重要的。我感觉如果孩子可以在快乐中学习,她是肯定能够成才的。

我希望从"影响教育"中首先获得一些自己教育孩子的办法,能够让我自己的孩子成长为一个自食其力的人。然后我也非常感谢"影响教育",因为我自己一直有这样一个心愿,希望能够通过帮助别人实现自己的人生价值,但是我自己所在的单位,是民进河南省委,我们的简称和台湾民进党是一样的,都是民进,单位不是特别地累,直接帮助其他人的机会也不太多,和自己原来的想法有很大的不同。现在我非常感谢"影响教育"给我提供这样一个机会,使我有可能去帮助别人,帮助自己的邻居或者自己亲戚家的孩子,这都是非常有可能的,所以非常地感谢!

我的座右铭是:人生是个过程,我希望在这个过程中得到快乐。谢谢!

● **王亚军** —— 一位郑州市的孩子家长,"影响教育"志愿者。某科技公司总经理。

大家晚上好!我姓王,王亚军,刚才那位先生说叫冠军,他一说完我就笑了,我说我叫亚军。我是从事广告行业和科技公司,这个办公室就是我们公司的办公室。今天也是借这个机会和大家一块儿交流一下,我对教育也是深感困惑,有时候在一个公司能把员工管理好、能把学生管理好,但是不能把自己的孩子管理好,这是我最大的感受。我们小孩对小学的班主任非常尊敬,但是有一次我正好叫他们一块儿吃饭,这个班主任带着自己孩子去了,那个孩子,一会儿要这,一会儿要那,一顿饭都没吃好。他妈说你看我都没办法,其他的孩子都能管好,我就管不好自己的。我从中就感觉到,教育是一项非常深的科

学。我们有时候能把别人管好，但是你对自己的孩子确实没办法。

我女儿叫王珊，今年13岁了，也有点儿逆反心理，你让她做什么的时候，她偏偏不做。所以我觉得能把自己的工作做好，但是不能把教育做好，这也是非常失败的。所以我也非常感谢我的引路人、我的同学刘茹，她带着我听了王老师的一堂课。听课以后，我感觉到从中学到了很多东西。

我对"影响教育"最深的感觉就是非常实用。举一个简单的例子，我们上学的时候，老师要教孩子审题，说要审三遍，考试一定要把题审好，回来作业还是错。原因是，他不知道审题的方法，听王飞老师讲了以后，我们回头看我们缺乏什么呢？眼观、笔指、口默，没有指到位眼睛会跳行，实际上口也默了，脑子也想了，关键是没有一个字一个字地把题真正理解。比如说我们工作中写一篇文章，打印出来了，校稿的时候你如果不拿笔逐行指点文字就校对不好。光拿眼睛看字，然后看电脑，肯定会错，必须得一个字一个字地对，才会准确无误，所以我感觉到非常实用。原来老师老讲要审题，但是老师没有教我们方法，他们可能感觉这个方法很简单。

再比如：原来像审题、复习、预习等问题老师天天都要说，但是没有真正给你说预习的方法，没有说审题的方法，他感觉很简单。我都30多岁了，我还不知道该怎么做，他们可能感觉这些事非常简单，但是我们真是不会，那天王飞一讲，感觉非常实用，回去就往我女儿身上用，就是挺管用。

王飞老师还讲了一个方法：向孩子学习、拜师。我回去就用上了这种方法，我们搬了新家以后，每个人一个房间，我们女儿也有一个房间，但是她的房间乱得不能进。一个女孩家把房间搞得这么乱，她的书、作业、卷子乱七八糟地都在一块，我跟她说你这些东西再不清理，我就给你清理出去了，我让你搬回老家去。你说一次她弄一次，我们也因为这个事吵过她，以前说她还听，现在你一说，她"啪"地把门一关，大喊："你别管我！"已经有逆反心理了。我一直在想用什么方法能把小孩子整理房间的积极性调动起来。

上一次听王飞老师讲他的导师的孩子不学习，然后他怎么教他学数学的事,我想就得用这个方法。回去以后我跟女儿讲:我们现在分了一个小组,分了小组以后每个人都要有一个课程。我跟大家说我们以前搞过一次,就是按 5S 管理方法,把她书桌上的书分分类,第一个抽屉就是常看的书或者什么东西,第三个抽屉放文具,都分分类,但是她没有执行。我又对女儿说:我上课的时候把你这种方法介绍出去了,谁知道我们组的同学非常感兴趣,就让我上课推广这个经验,大家都感觉这个方法好,让我介绍经验,这个事你得帮帮爸爸,爸爸把这事吹得有点大了,收不住场了。她说:那我不管,这事你自己吹出去了,我可不管你的事。我说:这样,你帮帮我,帮完我以后我给你点奖励。一说这个她问:给什么奖励? 我说你自己说吧。她说你请我吃一顿德克士或者肯德基。我说:那行,不管什么条件我都答应你。后来她想想又说:不行,这事太亏,你得再给我买一个自行车。我说:行,不管你说什么事,我先答应你,看你做得怎么样。她说:你说怎么做吧。我说:咱家就这么多东西,你给它定位,每个房间的每个东西都有固定的位置。因为我们在家好多时间都浪费到找东西上了,每个东西没有固定的位置,大家用了以后都不放回原位,经常把时间都浪费到找东西上,所以我说:你把咱家的东西都给分类,分类贴上标签。她说:这么多东西怎么弄啊?我说:那我不管,反正我星期三要上课,要交作业,这个事你一定要帮我做。她第一天上午在家搞了一上午,下午打电话说这事我不做了。我说:为什么不做了?她说:这太麻烦了,咱家这么多东西根本就弄不完。我说:你都答应了别人的事,自行车我都快给你买了,你答应别人的事情必须得做完。她第二天上午回去稍微有点办法了:先把胶布剪成条,然后往上贴。胶布非常黏,她一上午弄不了多少。

第二天中午回家女儿跟我说:我现在有好办法了,我先把它贴到纸上,然后用剪刀一排一排剪,胶布还都一样长,然后这个纸揭下来再粘上去。我一听,说:你这个方法挺好。第二天她就弄完了。

结果我说:你弄这不行,我们还要交作业,老师要看。她说:那怎么办啊?我说:你重新把胶带贴到一张纸上,然后都写好、分好类。她说:这才麻烦呢!

我说：你答应我了你必须得做。她说：我明天下午还有英语课呢，我给你贴了以后英语课都没法儿上了。"英语课我不管，我这个事也比较急。"她说：那不行，我得上英语课。她就把标签全部贴了一张纸，我可以给你们看一下，给我做得非常漂亮。因为那天我回家比较晚，她就给我放到进门那个地方，放得好好的，大家看到没有？

（展示）

真下工夫了，这是正房，这是书房，这是客厅，这是厨房，书桌上有什么东西，然后厨房、卫生间等等。做完以后写了"制作者：王亚军"，名字都替我填好了，在这之前我说：你这个作业一定要把字写得好一点，万一老师看出来就麻烦了。她写得非常仔细，然后她妈妈的化妆品在哪放，一个一个都规划好，我是让她第一步把标签做出来，第二步再让她把房间整理一下，因为我知道我们第一次整理房间的时候，我说过：那么多书怎么放？只有贴上标签，然后回家让她自己放，因为孩子们不知道这些东西该放哪，穿过的衣服也不知道放哪，她都没有一个规矩。所以我就吸取了 5S 管理方法，先贴上标签，让她自己知道，形成一种好的习惯。这是礼拜三给我拿过来，今天礼拜五，礼拜四晚上回去了，我说：王姗，告诉你两个消息，一个好消息，一个是不好的消息，你先听哪个？她说：先听不好的吧。老师怎么说你的作业？我说：不好的消息是你写的字，老师一看看出来了，一看就不是我写的。她说：那老师怎么说的啊？我说：这事老师说了，虽然这字不是我写的，但是做得非常好！老师说这是他见到的最好的作业。她高兴地在屋里乱蹦，她说：我说不让我签名吧，你看我一签名老师就看出来了，我都知道这事会看出来。然后我说：是这样，我们老师要检查这个作业，你这个方法还得进一步推广，可能要来咱家里看。这样一说，我相信她的房间肯定弄得特别好。

所以我觉得王飞老师的教育方法非常好，向孩子拜师。以前我让她整理房间，她根本不整，所以教育孩子一定要有方法，以前不是这样想，以前也听过赏识教育，你说，房间不整理怎么赏识她？所以我也一直没有找到一个好的方法，那天听王飞博士讲了以后，回去试试，还真管用，她还真听，而且三天时间做得非常好！这是我对"影响教育"的认识。

谈谈我希望从影响教育得到什么。我知道最关键是一个习惯，我们现在培养孩子培养什么？一个好的学习习惯，一个好的生活习惯，再有一个就是习惯的形成过程。

我们的孩子有点胖，13岁就一百二十六七斤，我们让她参加了儿童医院第13期的夏令营，上周一接回来了，减了十几斤。在夏令营闭营的时候，儿童医院的内分泌科的主任就说：说实话，办了13期了，我都不愿意再办了，没有信心了。很多家人都说办得挺好的，你看有些偏胖的孩子都瘦了那么多了。但是他说：95%的都反弹，过去，一期只办21天——平常我们都说21天能形成一个好习惯，这一次办了30天，回去以后还是不行。为什么呢？我的总结是失去了这个群体，也就失去监督了。所以我们一定要给她营造一个培养好习惯的环境，要不她回去以后照样，没有监督、没有环境的情况下，好习惯是形不成的。

所以我希望"影响教育"更多的方法能使孩子坚持下去。通过什么方法，让孩子把好的学习习惯、好的生活方式坚持下去，我现在还不知道用什么方法，但我希望通过王飞博士和邱老师研究出一种更好的方法，这是我提的建议。

家长（插话）：我刚才也是这么想的，就是怎么样在习惯形成之后再回到群体里面去，孩子依然有热情依然保持良好的习惯。

王亚军：一个好的习惯不是一天两天、也不是一个月两个月能够养成的。这需要时间和方法。

我的座右铭是什么呢？两个字：舍得。先舍后得，什么事情必须先去付出才能收获，我认为是这样，没有付出就没有收获。在这里我感谢王博士和邱老师，能够带我们走进"影响教育"的课堂，让我们学习更多的知识。"舍得"两个字，先付出后获得。

邱老师：大家说王总讲得好不好？

家长：好。

邱老师：再次感谢王总！之所以感谢王总，也是因为今天大家能够在这么好的环境里面交流，这也是王总给咱们提供的场地。再一个在刚才与王总的分享当中，谈到自己的孩子变化，这是做家长最愿意看到的，有时候孩子取得成就比我们自己取得的成就更让我们激动，我们也为有这么好的孩子鼓掌。

●李冬—— 一位郑州市的孩子家长，"影响教育"志愿者

大家晚上好！我的名字叫李冬，木子李，冬天的冬，因为我是冬至这一天出生的，所以比较寒冷。虽然名字里有这么寒冷的一个字，但是在这里却有一颗非常热情的心，相信大家应该能够记住我的名字，从冬天来的热情的李冬。我的年龄已经 33 岁了，我是 74 年出生，属虎的，还没有过生日，所以我不想把自己的年龄说得那么大，我都是按周岁来报年龄的。

我原来是从事会计行业，在会计行业当中我有了一对双胞胎，两个男孩。这种情况下，我们家肯定要牺牲一个人，那肯定是我，我就在家里做了一个全职的妈妈。在做全职妈妈的过程中，我就看了很多书，比如《零岁方案》一套五本的书，我都看了。但是在看的过程中，我又找了一个工作，在这种情况下，这个《零岁方案》虽然我也在试着做，但是做得不是很好，因为工作很忙，到最后我又辞职。为了有时间带孩子，我最后到了平安保险公司。一直到现在已经干了将近五年的时间，在这个过程中有了不少的时间，我就开始按照《零岁方案》这些方法去做，但是我发现有一些蹊跷，就是我的孩子无论在哪里，谁看到都会说这两个孩子真乖，但是我觉得光好光乖也不行，我希望我的孩子在学习上、生活方面也有一个大的提高，能够达到像哈佛女孩刘亦婷那样子的水平。因为我看了《零岁方案》之后就看《哈佛女孩刘亦婷》，看完之后，我从上面只学到一个方法，就是她"水桶理论"，我发现光这一项也不行，我看了很多书，但是一到用的时候就很迷茫。"水桶理论"告诉我怎么做

才能提高效率我就怎么做，其他的一些经验，具体实施起来挺困难的。在这个时候我一直都在期盼能够有一个高人指点我，在家带孩子的过程中，我自己也在学习，因为我干会计，我希望能够从事得更久，我就在考会计师。在学习的过程中，我自己也有一个笨方法，就是把错题写下来，不断地看、不断地重复，我没有想到的是我有一门考了93分，大家知道会计师60分就及格了。在这个时候我就在想，我的方法这么笨还能考这么多分，我也觉得很奇怪，但是我也一直在想怎么样把这个方法用到孩子身上，还是不得要领。

听了王飞老师的课以后，我突然恍然大悟，知道了要从什么地方开始做，我就觉得真的遇到了高人。当我听王飞老师第一节课的时候，我就有一种想法，我要追随王飞老师和邱羽老师，把这个影响教育进行到底。我也非常感谢我的领路人李龙老师。他到我们公司讲了一节课之后，我和贾庆芊老师都非常积极，一定要去做、一定要去听。

在听完课以后我就开始实施，一刻都不愿意浪费时间了。在孩子们做暑假作业的时候就开始实施，错题本拿出来，把你不会的登上去，于是做一个计划，一个星期五天，一天解决10个问题，问题都很小，可能是个错字，接下来每天晚上睡觉之前再看这10条，我发现他们不用费很大的劲，真的会了。今天他们的语文作业就全部做完了，我就拿着错题本告诉他们，这上面的错题我们也都会了，是不是代表如果要考这个暑假作业的话，不说100分，至少也得90多分以上，我们会做的不会做的都会了。在英语方面我也是这样做，我听完课就给他们说，咱们画星星，你多少星星能得钻石，就在散步的时候告诉了他们，当天晚上他们俩就已经激动得不行了，都已经10点了，非要让我给他们画星星，我就连夜把星星图给做出来，贴到他们的床头。晚上背完了以后，画上星星了，第二天早上儿子们一起来第一句话就是妈妈我还要背单词，我真的很激动，我们孩子还从来没有这样主动地学过东西。

于是我就把单词还有需要背诵的课文都做成这样的东西，让他们能够看到。今天他们写完作业以后就说妈妈我想要一个陀螺。因为王飞老师说过延迟他的快乐,我就说好呀,没问题,不过有一个条件,他们说什么条件？我说你们要把某某课文背给我听,他们说没问题妈妈,我都已经会背了,我真的没想到,就是这样子。在这个实施过程中,还有很多点点滴滴的值得我跟大家讲的,时间关系下来我们再交流。

接着往下说,我对影响教育的认识。我觉得它是一个切实可行的方法,我一直在用,包括让孩子给我讲他听课的内容。我小儿子都知道学习的规律了,我让他背一个单词的时候,其中有一个单词背错了,他自己都说"妈妈,遗忘规律在作怪！"他知道每天什么时候开始复习,每天睡觉之前他主动地告诉我:"妈妈,你给我听 10 个单词,然后咱们打牌！"所以我觉得王飞老师的这个方法真是太好了,像神丹妙药一样。我当然希望通过这次学习,通过跟王飞老师、邱羽老师还有和大家的交流学习,能够把我的孩子培养成才,同时我也在不断地进步,我也希望把影响教育告诉我身边所有的人。我已经把王飞老师的碟子送给超过两个以上的人在看,他们虽然没来听课,但是我把碟子送给他们,我告诉他你一定要看。这和以往老师讲得不同,我把王飞老师在课上讲过的他自己小时候的故事讲给他们听,他们特别感兴趣,特别愿意听。

我的座右铭是这样一句话,我知道在哈佛大学的录取通知书上有这么一句话:当机会来临的时候,你已经准备好了！我也非常感谢王飞老师和邱羽老师,当然我也希望能够在这里得到更多的这方面的知识,能够影响更多的人。还是那句话,一定要把影响教育进行到底,谢谢大家！

邱羽:讲得也非常好、非常真实！我们要的就是孩子切身的变化。还有一个问题,李冬,我想问一下,你们家的宝贝多大了？

李冬:快 10 岁了,该上五年级了。

……

● **胡君萍——** 一位郑州市的孩子家长,"影响教育"志愿者

大家好！我叫胡君萍,名字应该很好记,我也不多做解释了。在这里我首

先要感谢的是王飞博士，因为我感觉碰到他之后，就像碰到知音一样。说实话，我对教育也有一点研究，我有两个孩子，大女儿已经上小学三年级，今年9岁了，小儿子两岁半。我以前从事的职业是播音专业，那个时候工作也比较清闲，自己也比较喜欢一些东西，尤其喜欢演讲。但是有了女儿之后，我感觉要把我以前的理想让孩子帮我实现，因为我小时候的理想就是当一个主持人或者一个老师，而现在只是单位一个小小的播音员，所以我在女儿小时候就很用心。再一个就是培养孩子很好的习惯。包括在生活上和学习上。不是在所有幼儿园都能学到很多东西，而应该找一个能养成好习惯的幼儿园。在走访了很多幼儿园之后，我选择了郑州市市政府幼儿园，我有一个朋友是做幼教的，她就告诉我：我们学校很少让孩子学一些知识，像识字、数学我们这三年就不教，主要是让孩子养成良好的习惯，让孩子有一个快乐的童年，对他将来会很有帮助。我当时听了她这句话，就选择了这个幼儿园。

我女儿小的时候在幼儿园养成了很多好的习惯，在家里的时候，每天早上起来把自己的衣服放好，第二天她拿到衣服就可以穿上。好多家长抱怨说，每天因为穿衣服我都会和孩子有一些争吵，早上会浪费好多时间，我就对我的女儿说：你每天晚上都要把自己的衣服放好，第二天早上就不会浪费时间了。她做得非常好。还有一点就是在我女儿上小学一年级之前，我就让她参加了书法学习班，让她养成一个非常好的书写习惯，通过一个月的学习之后，上一年级在班里写字很轻松。

王飞博士的讲座，其实是我的朋友介绍给我的，她送我一张票，说：你去听听王飞博士的"影响教育"，也许您会感兴趣。我想着多学一点东西也没什么不好，所以就去听了。当时听到一半，我就非常激动，因为我感觉王飞博士讲的很多方法是我平常想用但找不到的方法，我感觉终于找到我要找的方法了。我当时问王飞博士：有没有培训班之类的机构？我说：我很想和你一起做这个工作。当时他就说："不要着急，讲座完了我会介绍的。"所以我就非常非常地激动，感觉真的找到了知音。

我最大的感受是，王飞博士讲的一些方法非常实用，比如：我女儿平常有一些很不好的习惯，我说过她无数次，她也说："妈妈，你怎么这么啰唆！"我每天都说，但是每天她还是按照自己的方法来做，对我的话虽然听，但是不会按照我说的去做，所以我很伤脑筋，当我听了王飞博士的课之后，我就对女儿说：女儿，你有一些很想得到的东西，你让妈妈买，妈妈都没有给你买。这样吧，咱们来一些积分活动，比方说我要你早上 7 点起床，起床之后让你干什么你做什么，我会给你画星星，一次画星星的一个角，一个星星是五分，积到 50 分的时候你会得到一个小礼物，一定是你想要的，积到 100 分，就是一个你想要的大礼物。所以她就开始喜欢画星星了，后来她问我："妈妈，我画得行不行？"我说："你画得很好。"后来她也开始主动读英语了，主动开始画花瓣了，我不再提醒她，不在啰唆她，她把自己的生活安排得井井有条，该玩的时候玩了，该学习的时候也学习了。

到了晚上我问她："你感觉今天过得好不好？"她说："妈妈，我感觉过得非常好！"我女儿每天这样做，但是小孩子嘛，肯定自制力不是特别好，有的时候还需要家长的提醒、监督，所以说孩子需要你在旁边不断督促她、鼓励她。为什么现在很多家长不知道该怎么教育孩子？主要还是没有一个好的方法。

我经常在院子里跟孩子家长交流，也经常谈这些问题，有时候会去找老师，但是现在因为一个班的学生也比较多，老师顾不上，每次开家长会老师就会说自己的孩子自己要管，我作为班主任只管她在学校的学习，一个班八九十个学生，我也管不了，你们做家长的一定要用心管好自己的孩子。孩子遇到困难的时候，也去问老师，可能现在的老师压力比较大，也无法给孩子讲一个很好的方法。在孩子的内心里有一个想学好的愿望，但是孩子缺少方法，而家长也很困惑，不知道该怎么去做。

所以我说王飞博士讲的这种方法非常实用，只要有人去督促她，并且坚持下去，这个事情就可以做好。好多家长有这个困惑，为什么不可以从事这个职业呢?而且我这个人也比较喜欢孩子,喜欢教育孩子,所以我也想把"影响教育"作为一个职业去做,这样你不仅从中可以教育好自己的孩子,顺便也可以给所有人一个好的方法,在座的所有人都想把孩子教育好,只是苦于没有一个好的方法。所以我想把这个方法传递给身边的每一个人,让他们去教育孩子。对自己而言,实现了人生的价值,从中也得到回报,从事教育工作之后,自己身边的人也可以得到很多好处,何乐而不为呢?我们不仅要把"影响教育"做到自己家里,并且还要做大,让所有家长都有解决问题的方法,这就是我的心愿。

我的座右铭就是:让身边的人快乐,我就会快乐。我是一个完美主义者,我希望身边的人快乐,这样我自己也会快乐,我希望从事这个事情之后,能让爸爸妈妈们快乐,也能让孩子快乐,不要让他们感觉学习很苦恼,也不希望他们压力很大。

好,谢谢大家。

● **刘茹** —— 一位郑州市的孩子家长,"影响教育"志愿者。某餐饮集团的总经理。

大家好,我叫刘茹,我妈妈希望我永远在大树下面乘凉,是一个女字,旁边还有一个"口",就是希望永远不缺吃、不缺喝、过上幸福的生活。我今年35岁,孩子10岁,和毕骏的孩子是同班同学,而且毕骏的孩子也是非常优秀的。在这里我要感谢毕骏,她不停地给我介绍教育包括其他的一些帮助孩子的方法,经常给我打电话告知一些教育信息,所以今天能听到王飞博士的讲课,真的要感谢我的引路人毕骏。

在这里我还要感谢一个人,就是君萍,其实我们认识时间是很短的,第二次听课以后,君萍是我们小组的小组长,每一天都给我们发短信。其实,你第一次给我发短信时,我没有写日记,第二天我就开始写,第三天我又收到你的短信,当时我就觉得这个妈妈这么优秀,能把孩子教育好,而且还能提醒其他的人，我觉得这个人特别有爱心。她坚持不懈给我们发短信，而且短信的内容非常好。君萍说的东西我每天都在做。

我给大家说个小秘密，不知道你们还记不记得，王博士在给大家讲课的时候，有一个和孩子谈话的内容，提到过贾仕豪，那是我的儿子。第一次在天泉听了王博士的课程，同去的还有我儿子的奶奶，她也是搞教育的，而且是非常优秀的教师，教育了好多孩子。面对我的儿子就非常困惑，我们从小找家教，不管工作多忙都会把孩子的教育放在首位。我们整天都在为他操心，包括爸爸、我、他奶奶和周围的人都在关注他，可是结果根本就不是我们想要的结果，他在班上一直都是中等甚至是下等，我们很着急。最近一次考试，我儿子的作文非常不理想，第一是跑题了，第二是没内容可写，基础知识还行。

还有一个就是英语，英语也很不好，这个怎么办？他没有兴趣，原来我们不知道这些东西，我们只知道回家让他看书、让他阅读，什么都让他做。我也觉得我儿子挺可怜的，挺累的。就是那次听完课以后，我就跟儿子、奶奶找王博士咨询一些东西，那天毕俊一直陪着我到大会结束，所以我也挺感谢王博士的。我当时就向王博士要电话，因为我不愿面对面的问一些东西，我说："我能不能打个电话咨询一下关于我儿子和我们面临的困难？"也不知道当时王博士看着奶奶也在还是什么原因，或因王博士马上要去外地，他说下一次我再来郑州的时候给你打电话，结果王博士真的给我打电话了。我和儿子还有儿子奶奶就去找王博士谈了次话。他跟我儿子谈完以后，我当时没讲什么话，回家以后，他就开始写东西了，然后第一天写、第二天写，我就没理他，我想看到底是什么样。然后第三天我从成语词典里找了几个词，因为他问我："妈妈，我写东西的时候好像就找不到词。"他问我怎么弄，我也没法儿给他说，就给他写了 10 个词，我说"你用吧。"后来我看他用了一两个，我就觉得这个方法挺好。后来我照王博士说的让他爸爸给孩子买了个 MP3，这样可以把说过的东西录上去。

这个事我并没有太多地引导他，王博士在给他讲话的时候，教给了他一些方法，之后一直到今天，大家知道他们写字的格子本，我儿子截止到今天已经写了一本半了，每天都在写，从来没有这样过。我儿子以前写作业不自觉，都是哄着、吵着、打着，多管齐下，真是这样，他写完作业我都长舒一口气，每天都是这种感觉。有一天，天气非常热，空调也不开，就坐到那儿，中午我们都睡午觉，他不睡，我说"你干吗？""我写字呢。"我一听特别高兴！一下午写了三页半，而且字体非常工整，因为王博士给他讲过字一定要写好，不然出版社人看不懂，并且还学会了翻字典了。他问我什么字怎么写，我说你不要问我，妈妈也不会写，他自己去翻字典，原来他写作业的时候，碰到不会写的字，写成拼音，现在会翻字典了。

所以我就觉得我儿子的变化非常大，我当时就在看他能坚持多长时间，结果一直坚持到今天还在写，而且还有漫画，那天亚军见过了，而且拿着这个东西去我们公司，跟我们的员工讲，人家都表扬他说，虎子，你写书了！然后他就给人家说我的什么什么写到第几集了。那天我回去跟我爱人说，我发现他的嘴巴越来越能说了。他以前从来不跟员工讲话，他觉得跟他们没话可讲，现在进到办公室就跟人家讲，有了成就感，讲完以后就说："妈，给我找个地方让我写。"原来在办公室你让他坐那里，一会儿去厕所、一会儿喝水，现在根本不用管。不管写出的内容好与坏，最起码他写字了，原来他的动手能力非常差，愿意用嘴巴说不愿意用手写，现在字也写了，并且也工整了，想象力也丰富了，并且天天很高兴，他自己的心情都非常喜悦。

这一点我就感觉特别受益，因为那天听课的时候，有一个举手讲话的过程，我就举手讲话了，我说我已经感受到儿子在变化了，一直到今天都在写，包括这中间去了一趟重庆，跟着他舅舅去旅游，还拿着本，原来从来不会出现这种事。其实我们教育孩子原来也花费了很多东西，关键是没有方法，孩子就是需要一个习惯、需要一个兴趣，这些东西我们都知道，但没有方法去培养。我在工作上从来没有说遇到什么困难解决不了，我从来没有因为我工作上的问题而感到困惑，唯独见到儿子头都是晕的，因为什么？我自己是一个非常要强的人,工作上各方面都非常出色,带着儿子一出去,人家就问考多少分啊? 这都成口头语了,他们可能觉得我儿子很优秀,其实不是这么回事儿。有一次我儿子把分数倒过来说,他考了39分,他给人家说93分,我也觉得很难堪,儿子奶奶也很苦恼,优秀教师都是受人尊敬的,唯独自己的孙子带不好,我们可不是说没人管、不下工夫,我们真是下工夫了。

所以听了王飞博士的课程以后,我总结是什么呢? 没有方法,这个系统就是一种工具,他讲的很多个东西现实生活中也有,只是我们没有系统地总结。我认为王博士的研究肯定都是来自自身,和其他人用过之后总结得出来的结论,搞成了一个系统的工具书。所以我现在开始让儿子使用"成长日志",错题档案,还有背英语单词。我的要求不高,就光把写的错白字记上去就可以了。原来不愿意记、不愿意写,现在能主动记和写了。所以我觉得这个东西特别实用,原来我也一直听这样的课程,只要是关于教育的课我都听,我是非常爱学习的一个人,但是听的那些都是理论性的东西,回家我给他讲不明白,遇到具体的事儿就搞不清楚,听完之后热血沸腾,回家以后还是没有方法。

前天,我又给王飞博士打个电话,我说:能不能在你百忙之中抽个时间跟我儿子见一次面?因为什么呢,时间长了,能让王飞博士跟我儿子见个面,就会有一种受人关注的感觉,他会觉得博士来给我指导,我儿子都是这种感觉。我说:博士是老师的老师,是奶奶的老师。因为在他心目中奶奶都已经是老师了,都是非常受人尊敬,还有奶奶的老师! 所以那天我就把我儿子写的东西给王飞博士传过去让他看,也让他跟我儿子沟通了一下。我儿子这两天又开始了,早上一起来就写书,真的,回头有机会可以把他写的书拿过来给大家看看,这是从来都没有过的。以前写作文、写日记,再好的事儿,再精彩的事都是三句话,那天去夏令营写的是什么呢? "今天我们在示范小学门口集合,坐着车去武冈旅游了,风景真美呀! 今天好累啊!"这就是我儿子写的东西,他什么都会说,就是不写。这一次出乎我的意料了,写了一本半。我说:

"儿子,这个东西一定给你放起来。"我们在电脑上给他打出来了,而且我儿子也可以练习电脑,他自己愿意打,原来根本就不行。

我希望从"影响教育"得到什么?首先我希望改变我的儿子,这是我最关注的。我现在除了我儿子没有什么可困惑的东西,希望通过这个课程,不管用什么付出,只要有好的方法去改变我儿子,我觉得这比什么都好。因为我觉得培养孩子也是一种事业,光干好自己的事业,自己的家庭没维持好,自己的孩子没教育好,也是一种失败。我觉得孩子长大以后,最起码他会记住他有一个优秀的妈妈,是他优秀的妈妈、优秀的爸爸教会他怎么做人、怎么学习的,这是一个很大的工程。如果能通过教育好我儿子,并且从中学到一些技巧和方法的话,我肯定会去改变周围的亲戚和朋友。他们也有孩子,他们也面临这样的困惑,如果我能从我儿子身上找到一些可行的方法,我愿意用我自己去引导他们,让他们的孩子也走出来。

我的人生座右铭就是用我的爱心去回报我周围的人。借助这个机会再次对王飞博士表示感谢! 让我的儿子上了两个台阶,这是我意想不到的事情!

谢谢大家!

主持人:我再给大家介绍一下刘茹女士。刘茹女士是郑州市秦妈火锅店的总经理,也是郑州市餐饮协会的副会长,还是郑州市 2006 年的十大风云人物,还是郑州市团省委授予的爱心大使。刘女士非常热衷于公益事业,曾经多次和团省委联合组织公益活动。这次因为儿子的变化,她也觉得她自己是"影响教育"的受益者,所以也愿意和大家一起把"影响教育"发扬光大。

再次把掌声送给刘女士。

(鼓掌)刘茹:我补充一点,我那天已经给邱羽老师说了,自私一点说为了我儿子,为我儿子能长期和王飞博士有个联系,以后在郑州的不管是大课还是小课,你们都得有个会场,这些费用都由我们公司来出,在这里也是为了我儿子创造这样一个机会,也让其他人都受益,谢谢大家!

●毕骏—— 一位郑州市的孩子家长，"影响教育"志愿者

在座的各位伙伴晚上好！我叫毕骏，刚才我的好朋友刘茹已经多次谈到我的名字，毕是中央电视台《星光大道》老毕的毕，一说老毕地球人都知道，骏是骏马奔腾的骏。小时候我妈给我起这个名字，可能就是希望我的事业和各个方面都像骏马奔腾一样鹏程万里，因为我姐姐的名字叫毕颖，我们两个的名字有点与众不同，我这个名字希望大家都能记住。

说到"影响教育"的课，我觉得各位伙伴讲得都非常出色，通过影响教育的课程，让我们对教育孩子有一个系统化的认识，王飞博士指引的方法，就相当于黑夜当中的一盏明灯，沙漠中的一片绿洲，我们看到以后就觉得有前进动力和方法。刘茹我是非常了解的，因为我们的孩子在一个学校，以前有好多讲座，我们经常去听，每次去听我们俩都坐到一块儿，但是就像刘茹说的，以前都是理论上的，没有可操作性，但是听了王飞博士的课程以后，我觉得眼观、口读、笔指、脑想对孩子来说，有一定的实效性。而且我经常给我儿子说：你做任何事情，我不要求你把难的都会，起码把你会做的做对。因为在考试的时候很多都是会做的还丢分，那我们把会做的做对是最主要的，另外，我在上学的时候学习成绩还不错，所以我就感觉到，那天听王飞老师课的时候很有共鸣。我在学校的时候学理科，文科也不错，我的姐姐学习成绩更好，她是1987年的硕士毕业生，是清华大学毕业，然后直接保送上了北邮，我觉得我跟她比还差一点，但是我觉得学习真是得有方法，如果没有方法肯定不能很轻松地度过。习惯、坚持和兴趣非常重要。

我的孩子再过三个月就10岁了，跟仕豪是一个月的，因为我们三年前就认识，还是好朋友，孩子在一块儿也能玩到一块儿。我在教育孩子过程当中，在他七岁上学之前让他读了一年学前班，在学前班的时候我就是想让他养成一个好的习惯，我觉得做任何事情得头天把第二天的工作安排好，然后

再去做。这样的话会让他养成定向性，并且每一次带他出去旅游，我都让他自己写游记，然后让他自己打到电脑上。包括这次去武冈，我让他第二天回来就写了一篇游记，然后直接打到电脑上，我觉得还可以，他让我给他发表到学校的博客上。很多方法也是按照王飞说的去做的，但是不像王飞博士说的这么系统，等于说是自己想到哪做到哪，听了这个课以后很多方面有个指点迷津的作用。

所以也非常感谢王飞博士还有邱羽老师，因为我来听这个课的时候，实际上是邱羽老师在我们会场讲了一些影响教育的课，我是第一个起来买票的，但是邱羽老师说"等一等你再买"，我说"不行，我得赶紧买"。我觉得对教育孩子这方面非常热衷，而且在座的各位都是教育孩子的钟爱者，所以当时我就非常积极地响应。另外，除了感谢两位老师以外，希望从"影响教育"得到什么呢？我希望通过这个课，能够有一个深入、持久的坚持，然后能把学到的真经向所认识的朋友传授，这样不仅可以回味、加深对课程的巩固，还可以把影响面进而扩大，能够用心帮助别人，这个推广意义非常广泛，因为很多家长对教育都有点困惑。

......

另外，我觉得孩子还应该多参加一些娱乐活动，昨天我带他去滑冰，他一直觉得滑冰是一件很害怕的事情，但是他滑了半个小时以后他就会了一点，他就觉得任何事情你只要付出了、实践了，再加上你的毅力，实际上能够达到自己预想不到的效果，所以我感觉到很多东西也是在慢慢地摸索，但是这些我感觉也是听了王飞博士的课受到的一些启迪，我想回去以后就把五星再加以运用，因为我听了这两位伙伴，他们都已经运用了，但是我还没有运用，这一点儿我得赶紧给做起来。

我的座右铭：一个人如果要是不自信是绝对不能够成功的。虽然说自信不能够绝对的成功，但是不自信的人是一定不会成功的，任何事情都得对自己充满信心，你自己不信任你自己，别人谈何去信任你？我比较佩服刘茹这个人。其实她挺忙的，因为我们三年前就认识，我们两个互相感激，她可能感谢我引领她来到这个课堂上，但是我觉得人一定要交往比自己更优秀的人，或者说至少跟你在一个平台上的人，这样的话你才能够学习别人的一些你没有的东西。有一个老师说得非常好："如果你能够博采众长，能够把他的优点都集中到你的身上，那你就是智者。"我觉得在座的各位都是智慧的人，希望在未来的课程当中我们共同进步、共同发展，互相学习对方的优点。

谢谢！

●朱秋震—— 一位郑州市的孩子家长，"影响教育"志愿者

Ladies and gentlemen,

Good evening！ My name is Zhu Qiuzhen。 I am an English teacher。 It is my great pleasure to be able to get together with you。

我叫朱秋震，之所以用这样简单的英文来介绍我自己，是我儿子跟我说的，我儿子说："妈妈，你要是介绍你自己的时候一定要用英语。"我说："为什么呀？"他说："因为你是英语老师呀。"所以我用一段简单的英文来介绍一下我自己。我叫朱秋震，朱元璋的朱，秋天的秋，地震的震。当大家听到我这个名字的时候大家都会说："你为什么起了一个男孩子的名字？"当时看到我名字的时候，有 99.5% 的人都会写成朱秋霞或者念成朱秋霞，之所以叫这个名字，是因为我们家祖上几辈没有女孩儿，然后到我这儿上面两个哥哥，下面就我自己，爷爷害怕我不成人，震不住，所以说给我起了这样一个男孩子的名字。

我是 70 年代出生在豫北的一个小县，我长在信阳，然后又生活在郑州。我是一名老师，之所以选择老师这个行业是因为我喜欢老师这个名称，是一个响亮的名称。我从 1992 年登上讲台，一直到现在没有改变过自己的职业，也没有后悔过。虽然从事了这么多年的教育工作，等到我自己孩子去上小学的时候，也让我有了很多困惑，我的孩子今年七岁半，在上幼儿园的时候，孩

子的各方面还比较好，但上了小学之后，让我最头疼的事情就是他写作业，写作业的时候特别的毛糙。我回来了之后就告诉他，你回来要先写作业，写完作业再出去玩。于是他赶紧写赶紧写，写完之后扔下就走，也不检查。我告诉他说"你要检查"，但是我没有告诉他应该怎么检查，他可能也不知道怎么检查，写完扔下就走！结果我一检查错一大堆，然后我就跟他说："你写作业不要着急，要慢一点儿。"但是不起作用，头一个学期还好一点，然后到了第二学期的时候更是毛糙，就是坐不住。

这个困惑困扰了我很长很长时间，一直找不到解决的办法。有一天，我一个不太熟悉的朋友给了我一张票，说北京的王飞博士要讲一个影响教育，当时我就跟他说："这样的教育讲座听得太多了，我都没有信心了。"他说："没事儿，你去听听吧，这次是不一样的。"然后，第二天我就去了，那是 2008 年的 6 月 8 号上午 9 点钟在天泉大酒店。当时听到一半的时候，我就为之一动，我觉得王老师讲的方法正是我所希望的，可是为什么我没有这样的路子去帮助孩子？后来听完第一次讲座之后，我并没有对孩子实施这些方法，因为马上要考试，当时我也要去给家长做一些观摩课，我就没有顾得上用。到 7 月 11 号的时候，"影响教育"的组织者告诉我 7 月 12 号在中天迎宾馆有一个讲座，听完王老师的这次讲座之后，当时我还在旁边问老师，我说："王老师，我的孩子做事情、写作业特别毛糙，我应该怎么办？这是让我特别头疼，也是我特别困惑的一件事情。"王老师说："你试试，放慢速度，一遍做对，怎么样。"于是我当天回家便开始对孩子实施"放慢速度，一遍做对"的训练。

第二天早上写作业的时候，我就告诉他，我说："儿子，咱从今天开始，妈妈不再给你规定时间，你就放慢速度，一遍做对，看看怎么样？"7 月 13 号的 9 点钟，我记得特别清楚。接着又用了几天时间，刚开始效果还不是特别明显，说句实在话我真有点失望，但是我没有放弃，我坚持做下来了。每天他写作业的时候，我就跟他说："儿子，不要着急，放慢速度，一遍做对。"等到 7 月 23 号那一天早上，他的一个同学头一天晚上在我们家住，第二天上午他们9

点钟开始写作业,在开始写作业的时候,我就说:"朱星翰,你写作业要放慢速度,一遍做对。"然后他说:"妈妈,我知道了。"当他写到一半的时候,他的小同学就在那儿磨磨蹭蹭,我儿子就跟他说:"郭海星,你写作业的时候要放慢速度,一遍做对。"当时我听到这句话的时候特别特别激动,现在想起来我当时那心情用欣喜若狂一点都不为过,我当时走到他跟前,给了他一个拥抱,我说:"儿子,你真棒,你太棒了!"他说:"妈妈,你每次不都是这样给我说的吗?放慢速度,一遍做对。"我们一直坚持到今天,他后半部分的暑假作业写得特别工整,几乎就没有错的,真的非常非常的好!

然后还有一点,我的孩子在学校里面还算可以,也是一个很要强的孩子,但有时候不够自信,因为我的性格比较急躁,孩子做什么事我总催他,我就老说快点儿,我就规定他30分钟做完,做不完怎么怎么样,然后做不完就给他发脾气,我也知道这样不好,但是找不到解决的办法。

后来我儿子会用了"放慢速度",他不仅自己会用了,而且还给他同学讲,说:"你要放慢速度,一遍做对。"后来我就又给他用了第二个方法,在7月19号,参加王老师第二次训练营的时候,就是他给他女儿读《论语》的时候,用的奖励的办法。我的儿子不太喜欢阅读,他喜欢听,喜欢你给他讲,讲完之后你走了,他睡了。我在想怎么样让孩子喜欢上阅读?我原来告诉过他,我说:"朱星翰,你自己读,你读完之后讲给妈妈听!""我不想读,太累了,你给我讲吧。"我也是苦于找不到办法,后来就用了王老师那种办法,我说:"朱星翰,从今天晚上开始,咱们俩来讲故事,同时来讲,你讲一页,我给你讲两页。"然后我又说:"你讲一页你可以升一级。"他说:"升一级什么意思啊?"我说:"你今天是一级,明天你再讲两页的时候就是二级。""二级什么意思?""我们就能达到二年级的水平。"他说:我要读三天呢?我说:"你读一天就升一级,你升到十级的时候,爸爸妈妈给你举行一个庆祝仪式,就给你买一个小蛋糕插一支蜡烛。等到你拐回来我们再从第一级开始升到十级的时候,我们给你插两支蜡烛。"他说:"真的吗?真的可以升级吗?"我说"真的。"头一天晚上他读的时候还不是特别流畅,我说:"你真棒,你今天晚上就一级了。"他说:我再读一篇吧? 我说:"太晚了,妈妈今天可累了,咱不读了吧?"他说:"我再读一篇不就升两级了嘛!"我说:"那行,就再读一篇吧。"结果那天晚上就读了三篇,升了三级。

到了第二天晚上,他就说:"妈妈,我把我升的级数记下来了,要不你忘了怎么办? 到时候你不给我买蛋糕、不给我举行仪式怎么办?"他从 7 月 27 号开始记,本来读一篇升一级就睡觉了,他说那不行,我再多升两级。到了 7 月 28 号,就升到七级八级了,又读了两篇,然后到 7 月 29 号的时候,我带他去了外地,今天刚刚赶回来,他就说:"妈妈,都怨你,你去外地也不给我带两本书,我这三天都没升级,本来都该举行仪式了!"我说:"没有关系,你努力,你早点升到级别的时候我们早点给你举行庆祝仪式。"

所以,我自己作为一个教育者,又遇到邱羽老师和王飞老师,大家都喜欢叫他王飞博士,我还是喜欢叫你王老师。我从中受益真的很大,虽然时间不长,已经让我感到非常激动,也非常感动,这种感动来自王老师,来自邱老师,感谢王老师和邱老师把我带到这样一个平台上。影响教育也是我多年来想做的事情,苦于没有找到平台,也非常感谢邱老师和王老师把我带到这个平台上,能让我把这件事作为我毕生的事业来做,我相信我会一路坚持下来,我一定会做好。

我这个人做事情不做则已,做了就要把它做好,再苦再难我都不怕。然后说一下我的人生座右铭,我的座右铭是李清照的一句话——"生当作人杰,死亦为鬼雄"。这也是这么多年来一直支撑我的一句话。最后我还要感谢邱老师和王老师,谢谢你们! 真的非常非常感谢,我今天也是特别激动,,谢谢王老师让我找到一个好的方法。

再次谢谢大家!

● 孟丽君—— 一位郑州市的孩子家长,"影响教育"志愿者

各位热爱教育的老师们,大家晚上好! 我叫孟丽君,可能大家一听到这

个名字比较熟悉,台湾曾经有一个著名的女歌唱家,我跟她同名。但是我是孟子的孟,孟丽君。

今年是我的本命年,36岁了,19岁就开始从事教育工作,后来离开了学校,又自己开办了艺术幼儿园,今天我是做销售工作的。刚才我听到大家谈到自己的孩子,孩子们都非常优秀。其实提到孩子,曾经我对我的孩子没有了信心,为什么这样说呢?因为我的孩子从小学开始,学习一直是中下等。尽管老师一直对我说,"孟老师,你的孩子很优秀",因为我在我们那一片还是稍微有一点名气的,在学校我一直是学科带头人,但我知道,我的孩子真的说不上优秀。

小学三年级的时候,就开始有应用题了,那时候我女儿开始就迷得不得了了。因为当时没有办法,做生意也有点忙,所以说那时候也没有怎么管她。到五年级的时候,我发现她的数学是一塌糊涂,就像我教过的最差的那个学生一样。我那时就想我好好干吧,到时候留点家产让我孩子继承得了,因为她的数学真的是没有办法去提高了,当时就是这一种想法,对孩子已经没有信心了,真的是这样子。

告诉各位,(孩子)上初中没有考上,走后门上的,她都知道,真的是走后门上的初中,因为熟人多。在孩子初一的时候,我有一天晚上在一个好朋友家住,然后她告诉我一段话让我很震惊。她说:"丽君,你现在做事业那么执著,你觉得什么是成功的人生?"我说:"只要我成功了不就行了。"她说:"我不这样看待,假如说你很成功,但你的孩子到头来一事无成,你觉得你的人生是不是完美的人生?"当时我大吃一惊,忽然间醒悟过来了。是啊,咱们这样子去拼搏到底是为了什么? 就在那一夜我清楚了,我不能放弃我的孩子,我要重新找方法来教育我的孩子。从初一开始起我和老师做了很多的沟通,因为和老师的关系比较熟,我曾经想了很多的办法。英语也是一塌糊涂,她是学艺术小学的,小学没学过英语,到初中什么都不会。怎么办? 我找老师,我说:"老师,这样行不行? 我买几个本子,我姑娘稍有进步,你就写一句话,鼓励一下我的孩子行不行？"当时把老师感动得不得了,她说:"这些工作应该是我们老师做的,让你来做真的不好意思。"我说:"不,我给你买几个本子就放到这儿,你就说是你写的送给我的孩子好不好?"然后这些老师真的很不错,只要孩子稍微有进步了,老师就给她发个东西,她回来非常高兴,说:"妈你看,英语老师说我英语有进步了！"我说:"是,宝贝儿,你真的很优秀啊。"因为那时候没有方法,光知道赏识教育。

数学也是一样,因为早期她的数学不是很好,我姑娘今年15岁了,现在该上高一了。在初中期间,很多代数的问题她都不会做,把我气得不得了,然后那天开始把东西放到这儿,让我看看到底是哪儿错了。然后挨着看这道题错了,划起来,然后总结一下归类一下,到底是错在什么地方,是真的不会还是不理解怎么回事。当你总结的时候,发现都是一个问题她不会,然后我赶快给她讲一下,那个问题她就掌握了。她说:"妈你讲得还不错,这个问题我已经记住了。"从此这个问题再也没有错过。

从那时候我开始想,我的孩子不是无可救药的。所以当孩子学习不好的时候,到底是哪一点不好,找对原因了你再找方法。我姑娘今天是15岁了,曾经她想报郑州11中,我知道这个目标很遥远,但是我一直给她鼓励,我说:"宝贝,你一定能考上11中。"到后来的时候,她说:"妈我没信心了,11中真的很难考啊,在学校要排前二十多名才会考上11中,而我的成绩排到八九十名上"。我说:"宝贝儿,你努力一点肯定能上成。"但是到今天的时候,我姑娘是考到了回民中学,虽然不算太好,但是我觉得她已经付出了努力了。

今天我能走到这个环境当中,我真的感谢我的妹妹,可能她知道我比较关心我姑娘的学习,然后早早地就告诉我:"姐,有个课程你去听不听?"然后我就迫不及待地说:"行,我一定要去。"后来我告诉我身边的朋友。他们问:"孟老师有没有多余的票呀?"我赶快给我妹打电话,结果我妹说票不好弄,我说:"你好好想办法,我身边的好朋友真的特别想来听。"可能是我的执著打动了我妹妹,我妹妹真的搞到了不少的票。那一天我和姑娘是第一个到

的,在天泉酒店,因为我一直告诉我姑娘,万事都要早一点,不要往后拖。我们两个占了好多位子,我的好几个朋友都来了,三个人带了四个孩子。我的姑娘听得非常认真,之后她告诉我说:"妈妈,我有信心了,你放心吧,我一定会考上一个一流的大学。"就这一句话,我的眼泪差一点流了下来。其实我姑娘一直受到很多老师的鼓励和关注,她现在也很爱学习,但是至于说她将来能上一流的大学,我还是打了一个问号。因为我知道她的基础不算太好,回民中学在省级的高中当中也是排到第二类,她想考一流的大学真是很不容易的。但是我看到我的孩子那么有信心,我真的很感谢那一节课,很感谢王飞博士。

学过影响教育之后,我回家天天写日记。我姑娘虽然很乐观,但是你要求她的话,她不愿意这样做,你得影响她。她一回家看我写日记,她就说:"妈妈你怎么天天写日记啊?"我说:"老师还检查作业呢。"7月12号是她过生日,我说:"宝贝我要不要去听课?"她说:"去听吧。"我说:"那你过生日,爸爸又不在家怎么办?"她说:"你别管我了。"第二天早上我又问,她说:"没事,妈你去听吧。"她大力支持我去学习。

7月12号在中天迎宾馆的时候,记得老师刚开始的时候提了一个问题,就是谁天天写日记,写那300字嘛,还有孩子也写了。当时我举手了,但是我孩子那时候不是天天写,回家之后我告诉孩子了,我说:老师今天问谁和孩子天天写了,我举手了,我说谎了。她说:"妈,以后我要让你做一个诚实的人,不让你说谎了,我得写日记。"然后她写的都是英语日记,她在英语日记本的扉页上写着"不为应付而写",不是应付我的。她写的日记我也看不懂,头几天我是给她出了几个单词,我随便找了一个词她写。丢开书本的时间太长了,好多我都记不起了,我就抽着看,能看懂多少看多少。前两天有时间,我不懂的单词我就翻辞典看看到底是什么意思,我觉得还蛮好的。虽然她不是天天写,为什么没有天天写?因为她从7月7号就开始上陈中数理化了,开始补高一的数学和英语,到今天才结束培训课,所以说她的日记没有天天写。

我一直想让我孩子发自内心地学习,我又不想老是说她,我想让她主动去学习,所以一直在想怎么样才能帮助她,让她自己主动去学习。很有意思的一点是我姑娘这个人很爱财,她说:"妈你看,我爸和你都是不太现实的人,都是很浪漫的人,我是很现实的一个人,很多人都说我很精明,我爱财。"我说:"宝贝儿,你还记不记得那节课贾仕豪的故事?"她说:"妈我现在对财没太多概念,我不知道一千块钱需要多长时间会挣来,几万块钱需要多长时间会挣来。"我说:"宝贝儿,我举个例子,你看咱们从老家走到市里面,在老家别人家的房子是不是都盖了,就咱们的房子没盖?她说:"是。"我说:"你看老家盖房子一盖是不是将近20万?"她说:"我也不知道。"我说:"就是20万左右,你就当20万吧。只要你今天抓住高中三年的时间,好好上,你只要能考上国内一流的大学,就相当于你在咱们家盖了一幢房子。"她说:"妈,那你放心吧,我一定好好学习。"因为她很现实嘛。对什么样的孩子做什么样的教育,要抓住她的性格。所以她现在喜欢学习喜欢得不得了,尽管说人家都休息了,在放假期间,她一直这样来回跑补课。

通过影响教育,这个愿景我觉得跟大家是一样的,我就是想让我的孩子在这几年期间,包括在以后的人生道路当中不要走弯路,或者少走弯路,让她有一个很好的人生。当然我也希望跟随着影响教育,我也能有一个很好的人生,有一个幸福的家庭。

前几天我去东开发区办事,当聊到教育孩子的时候,我就滔滔不绝地讲。其实我没有什么,我只是把我教育孩子的小经验告诉他们(就是在影响教育之前)。他们说:孟老师你讲得可好了,一会叫边上的邻居,叫去好多人。他们说孟老师,你回来开一个学习班吧。我说:"开什么学习班啊?"她说:"你讲得这么好,让我们都去听听,到时候肯定很多人(来听)。"我当时就想了,其实我肚子里面没有太多的东西。没过多长时间,我妹妹给我这样一个信息,我觉得就像及时雨一样,真的我是一个天生爱分享的人,我有什么好的东西,我都想告诉我的好朋友,所以我听课的时候,带了一大帮的朋友去听。

因为我一直爱学习,但是有时候行动力欠缺,所以我的座右铭是:行动成就梦想。当然你的目标确定之后,就要去做。前天我跟我老公说起这事,他说你就适合去跟人家分享,他大力支持我去学习。

坚持就是胜利,这句话很简单,但是我觉得很少有人能够一路坚持走下来。我姑娘在高新区上初中,我在市里面工作,我每周六回到家,不管工作再忙,我都准时去接她。然后在老家住一晚上,第二天送她走,我去工作。很多人都说:"孟老师何必呢? 你姑娘那么懂事。"但是我说:"不行,这是最后一年,我得这样子陪着我的孩子。"坚持了一年,孩子的成绩当然离不开老师的教育,但是我觉得跟家长的陪伴也是分不开的。我身边的朋友也有很多想把子女教育好的,但是我发现他们很多人都放弃了。我想有这么优秀的老师,有这么好的伙伴陪伴着,我会坚持走下来的。

最后我还是要代表我的家人再次感谢邱羽老师和王飞博士辛勤的付出。

谢谢你们! 谢谢!

● **致王飞博士的一封信**

王飞博士您好:

我是来自河南省濮阳市第一中学的郭大炜。是个初四的学生。今天(即2008 年 9 月 7 日)您来到濮阳宾馆进行授课。听了您的讲演,我和我的妈妈都深有感触,以至于到晚上脑海里还浮现出上午您在讲台上激情澎湃的情形来,让我迫不及待(在自己作业还没有完成的时候)给您写信,以分享自己内心的感受和体会,并借此向您表达谢意。

您的这次濮阳之行确实让我感到了震撼。首先,是您给我带来了来自我理想的目前还非常遥远的高学历高文化的大城市科技人才的气息,使我近距离感受到了你们这群人在时代中不同寻常的魅力,这在濮阳几乎是找不到的。第二，是您的科学且具体的学习方法即"影响学习"给我指出了一条非常好的学习道路。我的成绩向来在学校中数一数二，但是我毕竟也是一个普通的学生，有着大多数学生共性的问题。比如我也马虎，在最近一次考试中我由于审题不清理解错误被扣掉了 8 分。同样是数学，我的物体三视图却因为紧张将左视图和俯视图的位置放反而被扣掉了 7 分。这一来，将我本次考试中取得的优势全部抵平，使我非常郁闷和后悔。我总是克服不了马虎和紧张的问题。但是这两点，恰恰被您的方法所涵盖在内了。这对我目前来说是非常有价值和实用意义的。并且，您对其他问题的讲演也使我深有同感。听完了您的讲演后，走出会议室大门，妈妈让我用一句话来概括您的所讲。我便说："学习分成道和术，有念头、有决心要学习是道；有方法、有途径去学是术。王飞博士恰恰讲的是学生最薄弱的术的环节，他教给我们怎样学，用什么样的工具去学。"不知道我的这番理解是否说到了点子上。总之，您的方法是毋庸置疑的，因为您看到了本质，打破了常规的瓶颈，以现实为基础，以学生为对象，这样高度符合学生学习现状，贴近学生心理的学习方法，我想，在国内也属首创。

所以，我自然而然地获得了您的十几年来的对学习方法研究的学术精华，一共 9 本。尽管其中的很多诸如备忘录、演草纸生活中都能见到，但毕竟千金买马骨，花钱买点子。您卓越的创造力最终给我们学生带来了别样的收获。我想，一个人的价值也可以通过这一点被很好地证明，你的这一生不一定要著作等身，但是你的著作一要对得起大众，对得起自己，对得起名誉。要对社会真正有所贡献。大家或许谁都没想到，正是对于学习再进一步的勤奋思考，正是对于演草纸、备忘录再进一步的坚持和创造，您成功了。这对于每个人都是一种启发：没有努力是不会成功的，光有努力没有思考也是不会成功的。我想您还有更大的潜能去发掘、去研究，最终将更多更好的学习方法奉献给大家。同时，经您的言传身教，我也明白了，学习是自己的，包括对学习方法的创造。我们不能等名师、专家来帮助自己、为自己找方法，而要自己探索,自己发明。这样一来,自己才能培养出创造力,养成独立解决问题的好习惯,最终才能有所成就。

我个人认为,在您这套丛书中,最有创造力的莫如"学习成长日志"了。但您的在这里的创造力,不是又发明了什么新的理论体系和方法,而是将方法付诸行动。这才是最最重要的一个环节,也恰恰是很多人最容易忽视了的环节。因为它是一个思想家到行动家的巨大的转变过程,也是从光说到实做的过程。也许您在这本书中栏目的设计并非像灵丹妙药的配方那样神奇,但它却能起到奇迹般的成效。这一点也是我佩服您的一点。刚才说到术,您将"术"与"道"真正在这一环天衣无缝地结合了起来,不仅让学习的思想贯穿始终,也让学习的方法焕然一新,坚持实行。最终不仅培养出了好的习惯,也让大家收获了创造更多好习惯的想法和方法。

除了实用,您的口才也是我非常敬佩的一方面。您能在台上滔滔不绝而又不显啰唆,已经是一种境界。我知道该怎么做,只有放胆练,有准备,才能达到像您一样的高度。

这便回归到信的开头了, 您不仅给我带来了好的学习方法, 还让我收获了一种奋勇超越的意识和青出于蓝的渴望。中国人这么多,世界这么大,人外有人,山外有山,我不能停留在原地不前,只有继续攀登,无限风光才能尽入眼帘!

中秋节快到了,祝您合家欢乐,万事如意! 有好书再出也要多多奉献哦!

注:QQ:398494983　河南省濮阳市第一中学初四九班　　郭大炜

2008 年 9 月 7 日晚

花园硕果

从 2008 年的 7 月份至 2009 年 1 月份开始，中华名师教育网在郑州市举办了三期"影响教育"志愿者体验式训练营，还有一期"少年作家训练营"，对志愿者的孩子进行了文学创作训练。下面选载的材料，来自这一段时间内家长与子女互动过程中，家长的点点滴滴感受，及孩子在此期间的写作练习成果。他们或是在训练营，或是在自己的家里，身体力行地实践着"影响教育"的理论与方法。在此，我和邱羽老师也对他们表示衷心的感谢。

●李冬和双胞胎儿子——老大任啸宇,老二任啸天。

我和"影响教育"

李　冬

"因为教只能是几年,影响却是一生。"这是王博士影响教育的理念。

自从听了王老师的讲座,我就成了影响教育的忠实志愿者。王博士的理念和语录都让我深深地折服！坚持影响教育,也源自我学生时代的经历。

我一直认为,学习好的孩子分为两种(王博士说：赏识和严教都能成材)。一种是天赋高,天生就喜欢学,这种孩子属于马不扬鞭自奋蹄的类型,以学习为最大的乐趣,自然是在一片赏识声中成材。另一种是父母严教、影响的类型。小学时,我最好的朋友,就是一个品学兼优的好学生：考最好的分数、上最好的初中、高中、大学、考研、考博、出国深造……可在她上大学时,却给我说了这样一句话："十几年学下来,很苦！我的学习好,都是我爸爸给打出来的。"当时我真的很诧异,我一直认为她天生就是个爱学习的孩子。回来后,我细想一些细节,确实,他爸爸要求她很严(虽然我没见过她爸爸打她)。所以她是个"严师出高徒"的例子。我小的时候在幼儿园全托长大,在园里我的小红旗总是贴得最高的,可上学后,父母就来了个大撒把,什么都不管。而我又是第二种孩子,所以,吃了好多亏。国外有种说法：大多数人真正主动去学习的年龄在 30 岁以后,直到我去考会计师时,才猛然醒悟(王博士说有时顿悟就是一瞬间的事),只是太迟了些。所以我也认为父母在孩子打基础的年龄起着无可替代、至关重要的作用！

有了孩子以后,我一直关注孩子教育问题,看了好多教育孩子的书,也坚信书上说的：没有教不好的孩子,只有不会教的家长。只是看完后只记住了一半,用在孩子身上的就更少了。正在我求学无法时,有幸遇到了王飞博士、邱羽老师和"影响教育"。王博士的理念让我如获至宝,他的《学习快车》

学习法很实用,他的话常常让我有共鸣!我毫不犹豫地加入到影响教育的队伍中来了。

影响教育给家长带来了"解放"。看看现在的家长(我们),学校门口、孩子各种眼花缭乱的补习班、教育讲座……都有我们的身影。望子成龙,于是苦口婆心、举例子、讲事实、摆道理、利诱、威逼……却不得要领和方法,在单位可能是呼风唤雨的人物,可在孩子面前却无计可施,有时恨不得钻到他的身体里去影响他的意识。可孩子的内因还是变化不大。于是有的斗智斗勇、有的时紧时松、有的筋疲力尽、有的干脆放弃。

医学上,如果一个病人的大脑受损,医生的治疗方法是除了内部用药外,还要进行外部的功能训练。因为这种训练可以从外在刺激大脑的功能的再次激活。王博士也在《学习快车》上说到了这一点,内因虽然起决定性作用,外因也可以反作用于内因。王博士无疑从外因上,帮我们的孩子打开了一条通往"优秀"的快车之路。

就象邱老师说的:做影响教育,不仅可以让我们把自己的孩子培养成材,还可以回报社会,还有比这更有意义的事吗?

妈 妈 日 记

2008 年 7 月 20 日 周日

"优秀的学生不是老师'教'成的,而是'影响'造就的。'教'只能几年,"影响"却是一生。"听了王飞老师的精辟讲授,今天我开始试用在儿子英语的学习上。

走在路上,我只是说了一下让他们如何得星星,如何得钻石,如何奖励,他俩就表现出极大的兴趣。

晚上,儿子提醒我:"妈妈,别忘了画星星!"我们一起连夜做好了图表。按照王老师引导的只要背够 2 000 个单词,就达到了初中三年的水平,天天兴奋地在第一组钻石旁边标上了"单词王";第二组标上了"单词小硕士";第三组自然是"单词小博士"了。我也和儿子一起期待着填满星星和钻石时的成就感!

2008 年 7 月 21 日　周一

早上儿子一睁眼,就说:"妈妈,我要背单词!"我也不失时机地说:"好呀,就用五分钟学习法吧!"儿子本来就有了一定单词量的积累,轻轻松松就画满了一个星星。两人快乐地去刷牙了。

刚吃完早饭儿子就跑到卧室说:"妈妈,我还要背!"看着他俩的"主动学",我心里别提多佩服王博士了。

就这样到了晚上睡觉前,儿子们果真得到了一颗钻石,天天还神秘地对我说:"妈妈,你这招'激将法'可真灵呀!""那是因为我背后有高人指点嘛!"我心里美滋滋地想。

2008 年 7 月 22 日　周二

昨天,让儿子用复习法复习。果然那些原来在做题中容易出错的题,仍然是有些问题,我们先找出来,然后个个"击破"。我们先把这些问题记在了错题本上,计划在本周内解决。

2008 年 7 月 23 日　周三

昨天晚上,宇宇在上英语课时,受到了老师的表扬。因为这两天的复习,他在做题时正确率高了,自信心也倍增。不过,在细心度上宇宇还是老毛病,因看错了行把单词抄错了。这就是平常为什么宇宇总是在考试时要比天天的分数低一些,那就是王飞老师的话:没有把会做的全做对。我马上反射出老师讲的"零缺陷测试"。

每天让他们做一道题,抄一段句子。

2008 年 7 月 24 日　周四

今天,我一天都很忙,没有像往常那样监督他们,不过昨天我已让他们再次确认"成长日志",明确每天都要做什么。

晚上回家,我心里想:只要能做出计划的三条,就超出我的预计了。到了家,我还没发问,儿子就主动说了:"妈妈,咱吃完饭,你给我们听单词吧?"听完单词我试着问:"字练了吗?《论语》读了吗?""那还用说,妈妈,我们都学完后再玩,更高兴,要是没写完作业就玩,心里就像有个大石头。"宇宇说。

我心里说不出的高兴,在给了儿子正确的方法后,就有了这么多的变化,我再也不用每天督促了。王老师说得真对,孩子自己也想好,只是他们不知道要怎样做。包括我们家长,也是一样,只是一味地说教,像是唐僧(我以前常常这样自嘲)。现在有了王老师的正确方法,我也去掉了唐僧的"啰唆",但心里头唐僧的那份执著却坚如磐石:我一定要把"影响教育"进行到底!

2008 年 7 月 26 日　周六

这几天,算来儿子已进入了疲惫期了,我仍让他们坚持写成长日志,虽然他们只是写上五个单词和"放慢速度,一遍做对"。但平常的背单词、连词造句、暑假作业的有计划完成都已开始慢慢养成习惯。

我也有疲惫期,有时也想休息,什么也不管,但那种想法只是一闪而过,一定要在这个时刻督促孩子好习惯的养成。

今天听了王老师说的练习英语口语的方法,更深刻地理解了"坚持就是胜利"这句话的含意。

2008 年 7 月 28 日　周一

自从我坚持影响教育,儿子好像也慢慢地适应了,这种变化在平时写作

业时，有了体现，他们已会自己制定计划：写作业、背单词、课文、主动让我给他俩提问错题档案上的错题。当然也有不愿坚持的时候，今天"成长日志"就没有写。

我发现对于宇宇来说，他的理解能力相对于天天要强一些，只是粗心。在计算上出错是常有的，我又给他念了一遍"恶习"不改的严重性。他也知道，因为今天的错题都和这个"恶习"脱不了干系。暑假作业倒是比以往写得整齐、干净了，字也有进步。

天天的理解能力有时不如哥哥，但他是个特勤奋的孩子，自尊心也强。今天有两道题就因为理解不对而写错了，当得知哥哥自己做对时，自尊心就受了打击。他借助我讲题时发起了脾气，一摔笔跑去了厕所，我知道他去哭了，没追去。五分钟后，他又出来了，坐在那儿继续写那道题，理解后他也很快做对了。王老师说过：学生的优秀，是在优化的科学程序轨道上，通过赏识和严教相结合训练而成的。我马上鼓励他说："天天就是天天，他的计算题正确率就是高，这次又是全对！真棒！"

2008 年 7 月 30 日　周三

每到月底工作就会特别忙，晚上回家我和爱人说了自己的想法，他很尊重我的意见，越是这样，我越不知如何选择。

让我放弃对孩子的教育，那是不可能的。我比以前更忙了，但心里总有个目标，像一盏灯塔指引着我，我也要给自己找个好的方法。

2008 年 8 月 3 日　周日

昨晚，我又认识了许多新朋友，他们中有老师、有公务员、有私营企业的女强人、还有我的营销伙伴们……虽然各自在不同的行业，却都在今晚怀着一颗热爱教育的心相聚在金成国贸。

在听完大家各自的一番介绍，我们的心更近了，我们有了共鸣。关军老师的一句话说得多好:教育不是灌输,而是点燃火焰!

王飞老师为我们带来了"优秀孩子的五项基本技能":说心—读书—写口—会玩— 一路坚持。

要怎么感谢王老师呢? 他让我心中豁然开朗,有了努力的方向。

儿子一天都有课,我也把去听王老师的课这件事告诉了他们,他们一听说要见王老师,竟有些不好意思。

2008 年 8 月 4 日　周一

今天和一个朋友谈及教育孩子的事,她的几番话也对我很有触动,比如互相讲故事,和王老师的方法相吻合。

有时我也觉得孩子太乖太听话,未必就好,可能会给人没有性格的感觉;太善解人意,也会有取悦别人之嫌。我当然不希望儿子这样,我希望他们既谦虚又不失自己的主见!所以我常对他们说:宠辱不惊、不卑不亢。可真做时,这个度很难把握,我期待着和王老师、同学们早日相见,能解开心中的疑惑。

2008 年 8 月 5 日　周二

每次看一段王老师的书,哪怕只看一篇,我的心都会变得很沉静。

今天,看了王老师的"自我诊疗",并把文章念给他俩听,重点帮宇宇分析他的"病根"。难的题都做对了,计算题能错上几道。我几乎在每个错题上都发现了这个"恶习"的影子。有时恨不得让儿子马上就改掉,从此不再粗心、马虎……这时王飞老师的那句话回响在耳边:欲速则不达。

2008 年 8 月 7 日　周四

下午我问儿子有什么安排? 他俩都说要写一篇日记。说起写日记,天天是不太让我担心,宇宇前两篇日记写得还是不尽如人意。叙述啰唆,重点却一语带过,有点像流水账。

因有了王老师的传授,我并不心急,先问他写什么题材,他说是葵花园的游记。我把书放在他面前,让他先找一些词汇,再让他分类,打提纲。

其实以前我也曾这样做过,但心里总是觉得这样对吗? 就没再坚持。我还发现,只要是这样指导出来的作文,儿子总是写得很精彩! 王老师的一番话让我彻底放下了包袱。

儿子因有了素材,也很快完成了。我拿来一看,这篇日记的开头,因有大量的景物描写,而倍添生动。孩子也从中找到了自信,不怕苦思冥想地写作文了。

2008 年 8 月 8 日　周五

今天是奥运会开幕式,我们都在猜谁是火炬手,天天说是许海峰,我说刘翔,宇宇有些内向,只是坐着等。

我和爱人都很喜欢《歌唱祖国》这首歌。这次由童声唱出,更是充满了憧憬! 当五星红旗冉冉升起时,怎不让人热血澎湃! 这是重振国威的时刻,这是13 亿中国人圆梦的时刻⋯⋯

更让我们惊叹的是有创意的"卷轴画卷"。四大发明、丝绸之路、戏剧国粹⋯⋯都跃然纸上。

儿子看到活版印刷术时说:"妈妈,这个动作挺难的,只能听音乐,眼睛看不到。""是呀,这都排练了快一年了,真是台上一分钟,台下十年功呀!"我又讲起了道理,习惯了。

该运动员入场了,家里沙发上方挂着世界地图,还有各个国家的国旗。每入场一个国家, 他俩就以最快的速度找国旗。这就体现出双胞胎的特点了,你一个,我一个,忙得不亦乐乎! 乐在其中!

204 个国家鱼贯而入,最激动人心的时刻就要来临了。当许海峰高举火炬跑进"鸟巢"时,天天猜对了第一棒,高兴得跳起来:"欧耶!"火炬依次传递:占旭刚、高敏、陈中⋯⋯最后一棒了,这个让国人猜测了 7 年的谜底就要揭开了。李宁！体操王子！曾是我小时的偶像呀！当李宁高举火炬在空中飞奔时，我们不得不再次赞叹这精美绝伦的创意！在点火炬的那一刻，孩子们也和我们一样紧张得屏住了呼吸。点燃了！礼花飞溅，见证13亿国人的感动和自豪！

这一晚，对孩子也是最好的经历，他们也会用自己的笔记录下此刻，我看到他们眼中充满了希望！

任啸宇（哥哥）作品

游 葵 花 园

今天真是快乐的日子，妈妈带我和弟弟去葵花园玩。园里风景如画。各种植物葱郁茂盛，到处都绿树成荫，参天的大树形态各异：有的清秀挺拔；有的盘曲多姿、神姿妙韵……各种色彩鲜艳的花竞相开放，绚丽非凡！向日葵更是重重叠叠、花盘累累。

顺着林阴道走着走着，忽然一匹高头大马出现在眼前，"骑上它一定很威风吧！"我想。妈妈看出了我的心思说："男子汉，去骑马吧。"我高兴地"飞身上马"。坐在马背上，眼前出现了一片辽阔的大草原，耳边突然鼓声大振、喊声大作，如天摧地塌、岳撼山崩……我竟置身于人喊马嘶、金戈铁马的古战场。我策马扬鞭，正欲奋不顾身、冲锋陷阵……"咔嚓"一声，咦？是妈妈在按快门，原来牵马的人已经带我跑了一大圈了。

刚下马就看到了不远处的射箭场，这么好玩的项目怎么能错过呢？我们连推带拉地让妈妈快点走，妈妈也来了兴致，手把手地教起我们射箭来。经过妈妈的指点，我一下子就射到了9环。我发现射箭有三要素：一要沉着冷静，不能急；二要三点一线；三在松弓时手要稳住，一动就功亏一篑了。

葵花园真是花儿和我们的乐园。我们又玩了卡丁车、水上漂球、独木桥……太阳开始慢慢西沉，放出万道霞光，把这里照得如同仙境一般，我们情不自禁地赞道:美极了!

小乌龟(四年级 9 岁)

今天早上一起床,妈妈就告诉我,姥姥和姥爷给我俩买了两只小乌龟,我们一听就迫不及待地往院子跑去。"深色的是公的,浅色的是母的。"姥姥话音刚落,弟弟就眼疾手快"嗖"的一声拿了一个母的,我一看,只好拿了一只公乌龟。不过它也很可爱,虽然身上"黑"了点,可个子却比母的大。

小乌龟的壳上有非常规则的图形, 颜色是由深绿色、黄色和黑色组成的, 这些花纹从中间对称向四周形成由大到小的六边形, 最外面的一圈最小,像花瓣一样,很漂亮!我给它起了个好听的名字叫"斑斑"。小乌龟遇到危险时,脖子、四肢和尾巴,都会缩进壳里,像一个结实的小坦克。

小乌龟非常活泼好动,一会儿爬到东,一会爬到西,一会儿爬过来,一会爬过去,好像要参观它的新家一样。我想小乌龟成天背个壳一定很累,怪不得它爬得这么慢呢!

我非常喜欢这只小乌龟,我要把它养大。

任啸天(弟弟)作文

梦

我独自一个人走在阴森森的森林里,旁边都是可怕的大树,根都露出来了,张牙舞爪的,好像时时都会被抓去似的。

突然一声巨响,前面出现了无数个龙卷风,向我卷来。我拼命地跑,但跑不动,仿佛就被看不见的绳子绑住了。眼看着就要被吸进去了,我一抱头,龙卷风又突然停了,像是被吓走了。真是惊险!我刚叹了一口气,更大的灾难发生了:天空阴雨霏霏,不时还有雷雨云用电击打树木。火灾发生了。我吓呆了,也是拼命地往前跑,但雷雨好像就要电我,闪电在我身边来回击打着……狂风突然来了，我在逆风走，狂风使我减弱了奔跑速度。"轰"的一声，闪电击中了我……

当我醒来时，发现自己在云上，旁边有一位小天使。我问："我死了吗？""不，你没有，只是你在云上。"小天使微笑着说。"在云上？云是一种气体，是不能凝固的，我怎么会在云上？"我惊奇地问。"我们普儿天使国发明了一种鸟帽，和一种云体凝固瓦斯，城市云器的东西，我们把鸟帽戴在头上，背后会长出翅膀，但必须戴会飞的鸟类帽子，要不然就飞不起来。然后用云体凝固瓦斯把云变成像大地那样的成分，再用城市云器，云上会自动长出我们原来的城市。"小天使耐心地回答着我问的问题。

"走，我们戴上鸟帽，去飞一圈。"我高兴地戴上"鸟帽"，鼓起勇气，翅膀一扇，"哇！好美啊！"高高的山峰，绿色的森林……"咣当"一声，我撞着高山了，突然我从梦中醒来，发现自己离开了床，撞到了柜子上。我又赶紧躺回床上，心里想着刚刚梦到的情景，一闭眼，进入了梦乡。

树 儿 乐 队

"呼——呼——"那棵郁郁葱葱，枝叶繁茂的大树，在风中响起了交响曲"叮叮叮，沙沙沙，啦啦啦……"这就是"树儿乐队"演奏的美妙之声——"风的翅膀"。

一旁的花儿、小树……听了以后，飘飘欲仙。挥舞手臂，振臂高呼，就像拉拉队一样。有一些"观众"听了，情不自禁地翩翩起舞，为它们欢呼、喝彩。还有一些没有精神的"观众"，听了以后，突然变得生机勃勃，神采奕奕，也跟着手舞足蹈，纷纷加入了演奏的行列。

我看着看着，就仿佛身临其境，眼前浮现出一场盛大的演奏会。"树儿乐队"正在表演呢！梧桐树爷爷可是见多识广、饱经沧桑的老指挥了！它手里拿着指挥棒，铿锵有力地挥舞着，指挥整个乐团。柳树姑娘用她那纤细的小手弹着旋律优美的钢琴曲。核桃树摇着响铃，白杨树打着沙锤……

夜幕降临了,星星和月亮也来捧场,乐曲从白天的嘹亮清脆变成了轻柔婉转的"催眠曲"。不知不觉,我进入了梦乡,在梦里,我插上了翅膀……

●王宝静和小学六年级的女儿王佳琳

妈 妈 感 悟

蒙牛集团总裁牛根生曾说过:"成功是优点的坚持,失败是缺点的积累。"我一直把它作为我工作、学习中的座右铭,而今结合王飞老师的讲课,我想可以改为:

"成功是好习惯的坚持,失败是坏习惯的积累。"

曾有人说:"人真正的生活是人的内心生活。"自以为读了不少关于励志的、关于心灵健康成长的书,自我感觉悟性还行。记得我曾在2006年"迎新年钢琴音乐会"上就"应试教育与素质教育"的平衡问题上,利用音乐会的形式,发出了困惑和呐喊的声音。但当时,我把这些问题抛给了家长。记得很清楚的是:一个学琴一年的孩子在弹奏法国钢琴王子克莱德曼曾弹奏的一首《童年的回忆》,我是这样为他做报幕词的:

"年龄和阅历往往是束缚想象力的绳索。当我完成所有音乐会的文稿时,笔尖最为艰涩的就是这首《童年的回忆》。物质生活的繁荣,生活节奏的加快,当我们以成人的方式要求孩子,恨不得孩子一夜成材时,我不知道童心距离我们有多远;当我们帮孩子树立远大理想的信念时,在我们来去匆匆的奔忙中,理想却显得那样遥远。亲爱的家长朋友们,也许你的孩子是傲立风雪的腊梅;也许她是妖娆三月的桃花;也许她是骄阳下的白莲……请顺应自然的成长法则,不必强求所有的花儿都在同一时间同时绽放,相信你的孩子一定会在某一时刻,会绽放属于他自己的生命之花。亲爱的孩子们,无论你们将来从事什么样的职业,让音乐始终伴随着你吧!尽可能多地储备心灵快乐的资源,理想才有可能距我们近一些。让我们唤醒尘封已久的童心,和着优美的旋律,跟随 XXX 一起走进《童年的回忆》吧!"

虽然心里很清楚,像王飞博士讲"按照规律做事情",但是一旦面对自己的孩子,恨不得所有孩子的优点都集中于自己孩子身上(因为我所接触的家长大部分也非常优秀,他们的孩子不仅琴棋书画学得好,文化课成绩也相当好)。我的孩子经常与这些优秀的孩子在一起,可想而知,我自己的内心一直有一根弦在紧绷着,我要我的孩子更加优秀,赏、罚均用过,但是更科学的方法是王飞老师传达给我的。第一次听王飞老师上大课,关于理念的东西一下子就与我的内心产生了共鸣;关于方法的问题,正如王飞老师所说,方法就是一层窗户纸,一捅就破。虽然平时有些方法自己也用过,但是工作一忙,就没坚持下来。我非常欣赏王飞老师在 2008 年 8 月 28 日所讲的一节课,虽然这一节课是在最闷热、最糟糕的环境下所讲,但他既讲了简单的、方便易行的操作方法,不如制定产生快乐心情去学习的规则,又从高度和深度剖析了这一规律的生理、心理结构。如大脑与小脑的关系问题,以及要为大脑配备一个好秘书的实际方案。

冰心曾说过:"爱是一切智慧的源泉"。因为伟大无私的父爱、母爱,我们今天才能相聚在一起,我们没有理由不相信王飞老师的内心深处所蕴藏的巨大的爱的能量,愿他那"点石成金"之笔,能够点化我们每一位家长,打开爱孩子、帮助孩子成长的智慧之门。 王飞老师的方法也绝对不是唯一的,正如"蒙特梭利"教法要本土化一样,我们每一位家长朋友也都能找到属于自己的最科学的方法。

2008 年 8 月 28 日王飞老师讲道:

"普通人不成功是因为不努力;努力的人不成功是因为没方法;成功的人不卓越,是因为耐不住寂寞。"

类似这些启迪心灵的话语,我想为大家推荐一本书,这也是林语堂先生推荐给我的,不,是推荐给每一位有志青年的"成功圣经"——美国作家奥里森·马登所著《一生的资本》。同时,我希望能听到王飞老师更多引经据典的小故事,并希望王飞老师能把他读过的对他影响最大的好书推荐给我们。

经典的书籍+王飞老师独辟蹊径的见解将其融会贯通。如果王飞老师简单易行的操作方案是我们摸索前行的探照灯,那么"影响教育"的理念和思想将是我们在座每位朋友感悟后心中的明灯。

同时,请各位家长多提一些在操作过程中遇到的一些困难和困惑,也许牵扯进一些连王飞博士也无法解决的社会或体制问题,但通过王飞老师的旁征博引,我们会悟到一些在夹缝中如何生存,让自己的生命在获得一定的成就感之后变得像王飞老师一样更加崇高。

快 乐 诗 篇

快乐是漫漫黑夜一丝光亮乍时出现的惊喜

快乐是蓦然回首灯火阑珊处的相遇

快乐是相聚时自我满足的定义(宁静)

快乐是只要心中有了愿望连石头都会创造奇迹的神奇

快乐是"影响教育"引领心路成长的轨迹

快乐是成长着、感悟着心灵自由飞翔的美丽

快乐是爱着体验着精神尊严了高贵的珍惜

快乐是我,快乐是你

快乐是你我共同叙写的生命传奇

快乐是包容的智慧

快乐是参道的菩提

快乐是大道至简化腐朽的神奇

2008 年 8 月 29 日

影响教育的意义

家长常常为了教育孩子而操心，但王飞老师讲好学生是影响出来的。家长能明白这一点是很不容易的。

我来讲一个生活中真实的故事：

佳琳发现，她们班的赵雅兰打电话很有礼貌，总是说："你好，请问你是谁？"佳霖有一次问赵雅兰作业，赵雅兰的回答也很有礼貌。这使佳霖想到，自己打电话时总爱"喂！谁呀?！喂……喂……"

赵雅兰说话使她反思了很久，以后打电话时也开始像赵雅兰一样，说："你好，请问你是谁。"

我从这里明白，"影响"可以改变学生。

我们知道一个班上有好学生和坏学生，让差学生变好学生很难，不是这样的。坏学生不代表品质差，好学生的一举一动都会影响到坏学生，只不过我们生活中能理解这一点的老师太少了。如果，一个好学生在坏学生群里生活，这个好学生可能会被污染，但一个好学生和一个坏学生在一起时那么好学生会影响坏学生，使这个差生品质、学习、劳动、爱心等等都有改善……

我们应该相信我们的双眼。让影响改变一个人的人生……

佳霖代妈妈写 10 月 19 日

● 王彩虹和女儿关欣(小学二年级)

妈 妈 日 记

2008 年 7 月 22 日

记得还是上大学时，与同学聊天，谈到小孩子，深感恐惧。将来无论如何不能要孩子。那是一件多么可怕的事情，我要为另外一个人的人生承担责任。在浪漫的大学时代，这简直让人无法想象。可是我的好朋友燕不同意我的看法。她说，我们不都健康成长起来了吗？只要家庭能够提供好的生长环境，小孩子自己会长大的。你想想，我们的父母管过我们多少。她的话虽然也不无道理，可是，也并没有说服我。

转眼间，当年的讨论还言犹在耳，可是我们却都已为人母。如何成为一个称职的母亲？却时时困惑着我。自从怀孕开始，就成为教育家的忠实信徒。从一位家里的娇娇女，立即成为一位让人佩服的好妈妈，不怕麻烦不怕累，完全"科学"（不知道是不是科学）喂养。女儿被养得又白又胖，人见人爱。我家的邻居见到我就说，你妈妈整天担心你，我们家虹咋办呢，从小啥也不会做，她咋会养小孩呢？可是，你看，你比谁养得都好。随着孩子慢慢长大，我的挫折感也越来越大，原来我所能做的不过如此而已。

看遍了所能找到的中外教育书籍，自以为头脑里有着最新的教育理念。可是孩子并没有如己所愿地拥有我所认为的最宝贵的品质：努力，坚韧，遇到困难不放弃。从小，孩子搭积木、玩玩具遇到挫折就放弃，无论你如何鼓励。从出生到现在给孩子读过的书到底有多少，没有上千本，几百本总有吧。可是，孩子上学后的表现令我的心情落到了谷底。这时，挫败感如影随形，令我开始反思自己做妈妈的经验教训。

国外关于儿童教育的研究真的非常好，很符合人的本性，可是并不适合中国的儿童。因为中国的教育本身就不是人性化的教育，而是残忍的优胜劣汰的教育。女儿的班上有 80 位学生，不难想象，一个老师负责 80 位初通人事的小朋友的学生生活，不可能照顾到每一个孩子的个性。而我采取的充分尊重孩子个性的教育方法使得孩子极有主见，不能得到老师的喜欢。而得不到老师的喜欢，对一个一年级的小学生来说，是多大的挫折感。优胜劣汰的教育使得老师非常重视成绩，考不了 100 分就得不了喜报，女儿伤心得不得了，完全失去了自信。作为妈妈，97 分和 100 分有多大区别？如果这区别是女儿的快乐，是女儿的自信，相信每一位家长都会如临大敌。

如何做家长，对于目前的中国家长们来说都是一门学问，放养似的教育法已经不可能实行，我们没有从父母那里得到可行的经验，也不能把自己的成长经历套到孩子身上，社会环境发生了太大的变化。我们无路可走，只能学习。

听各种各样的讲座，看各种各样的书，可以说，关于教育孩子，已经很难再听到让我震动的理念。可是，王飞博士的讲座却使我震撼了。我认为，王飞博士的理念是目前较适合中国的教育理念，为所有有恒心有毅力的家长和孩子指出了一条道路。既然我们无法改变现实，就让我们适应现实吧。

8月1日

今天，影响教育组织大家在一起座谈。把女儿送到朋友家，我和关军都去了。看到王飞博士也在，挺让人感动的。王飞博士为了自己的理想，不辞辛苦地奔波，我们为自己的孩子付出更是应该毫无怨言。

每个人都会毫不质疑教育的重要性，可只有当自己有了孩子后，才会知道教育的沉重性。每个家长都会希望自己的孩子健康快乐地成长，可是这个心愿有多么奢侈，相信凡是当了父母的人都会有体会。

大家谈到自己的孩子，可以说是万般滋味涌上心头。真的是五味杂陈。可惜我们无法替孩子去生活，孩子离开了母体，她就是一个独立的个体。我无法让孩子按照我心目中理想的模样成长，那么，就让我尊重她与我的差异，尽一个母亲最大的能力让她去自由地成长吧。相信每位家长都曾在内心挣扎过，孩子、现实让我们进退两难。而影响教育给了我们可以帮助孩子获得成就感的具体办法。好的学习方法可以让人事半功倍，可以帮助孩子在竞争中脱颖而出，成为一个活得自在、活得有尊严的人。

8月2日

小女关欣，完全是一个"科学"喂养的孩子。所谓科学喂养，就是无论从饮食还是从精神层次，都是尽最大努力按照书本所写。从一出生就不停地和她讲话，把她当成一个什么都懂的人来对待，只要她醒着，就和她说话，给她读书。为了培养她的独立性，从手术室抱出来就让她睡在自己的小床上，充分尊重她的天性，希望她能健康快乐成长。3岁以前，作为家长的感觉，是累并快乐着。那种快乐是非常纯粹的快乐，以后怕是很难再找到了。

随着孩子慢慢长大，快乐一点点地减少，忧虑慢慢地增多。我越来越发现，关欣对于家长、学校要求做到的事情，遇到困难就往后退缩，需要你用尽各种办法帮助她克服困难，她才能够去完成。我最希望孩子拥有的品质——坚韧，在孩子身上似乎没有看到。深夜里，无能为力的感觉常常会涌上心头。在母亲心里，孩子永远是个宝，也许只有我，常常感到孩子是我心中的痛。我，虽然用尽了自己所有的力量来抚养女儿，常常自诩是个责任心强的妈妈，认为无论将来女儿是否成才，作为母亲是问心无愧的。但是，其实我并不是个称职的妈妈，因为我无法做到用欣赏的眼光来看待自己的女儿，我眼中所盯着的永远都是女儿的缺点。所以，关欣是一个缺乏自信的孩子。凡事都要往差里说，遇事总是要先说自己不行。

孩子上学后，在学校的表现证明之前我对孩子的教育方式是不恰当的。我的孩子，因为没有上过学前班，刚学拼音时有点障碍，于是她就不愿意学了。可是考试考不了100分又难过自卑到极点，有什么办法又不用学习又能考100分呢？我不知道。只能尽己所能地拽着自己的孩子向前走。我常常感到疲惫不堪，我能拖着她走多远呢？稍感安慰的是，虽然是被我拖着向前走，孩子平时的成绩一般，每当期末考试时，总是考得很好。

其实，如果能为孩子的进步感到高兴的话该多好啊！关欣从上学期的不想写作业到现在能主动完成作业，那是一个多大的进步啊！可是，我总是过多的把眼睛盯在孩子的缺点上，用较高的标准要求孩子，所以心里总是紧张，因此总是感到疲惫。

2008 年 8 月 12 日星期二

这几天，因为奥运会，每天都想看电视，搞得自己心神不宁，连论文也不想改了，情绪受到了很大的影响。关欣也受到了影响。每天都无法坚持完成自己的事情。想抗干扰真不是一件容易的事情，有时不能一味要求孩子，要求孩子之前自己也应该先试试看能否做到再说。我希望能更好地理解孩子，也许如此才能更好地成为孩子的朋友。

不过奥运会给关欣带来了意想不到的收获。自从 5·12 大地震后，关欣的情绪受到了很大的影响，晚上总是需要人陪伴，入睡困难。奥运会全民狂欢的气氛感染了她，使她彻底摆脱了地震带来的影响。

8 月 16 日　星期六

经过一个暑假的坚持，关欣读书的能力有了极大的提升。只是，我发现孩子经常会根据意思自己进行再创作，而不是忠实地读书。为了培养她准确读书的能力，今天，我和关欣做了一个小游戏，我读一段（不用笔指），让孩子找出我读错的地方。（当然，我故意错了一点儿）让孩子用笔指着书上的字一点一点地读，我来挑出孩子读错的地方。结果，关欣读得非常好，完全正确，今后，只要有时间我就用这种方法和孩子一起读书，培养孩子准确读书的能力。

8 月 20 日

关军上班了，关欣一个人在家。我去上班的时候，让孩子把上午的学习安排说了一下，我给孩子写在"成长日志"上。中午，我下班回来，检查了一下任务完成的情况。发现有两个任务孩子没做，我并没有生气，只是把孩子叫过去，让他们重新完成了那两个任务，我发现这个办法很好，比我自己生闷气好。也许孩子并不是故意不做的，只是忘了而已，其实要容许孩子"忘记"。作为妈妈的我，现在快成了忘事大王了，为什么不容许孩子忘呢？快开学了，一定要好好培养孩子的学习和生活习惯，为开学后的学习养成一个好习惯。

我忘记告诉翟翠娟、李冬、刘茹关于写下孩子20个优点的事情了，还有王飞老师讲的那本书的事情，明天给她们打个电话，把这件事情再讲一下。

8月23日

今天和影响教育的伙伴们在一起座谈，感觉收获很大。禹明义老师通过讲了两个小故事来说明观念的重要性。只有在对外面的世界和自身作出客观分析后，形成正确的理念才会指导我们的行动。教育孩子也是，只有在对孩子进行客观分析后，找出孩子存在的问题，进行客观的分析，找到正确的解决办法，才能解决问题。

关欣的问题是什么呢？缺乏自信，不够勇敢，适应环境的能力较差，依赖心理重。这些问题该如何解决呢？是不是应该先分析一下自己的问题呢？对孩子管得太多，在孩子面前太过强势。还有什么呢？先从培养孩子的自信心做起吧。给孩子自信，尊重孩子的权利。我要时时刻刻提醒自己。

王亚军说，管孩子和管员工是一样的，无外乎三种方式：1.眼睛；2.嘴巴；3.棍子。三种方式应该分类使用，孩子是哪种类型的就用哪种方式。这真是讲得太好了，我在教育关欣的过程中深刻认识到了这一点。我的脾气不好，去年经常打关欣，效果并不好，幸亏我调整了策略，改为怀柔为主，今天关欣才会有这样大的进步。可是作为母亲是永不满足的，关欣不爱学习的问题解决了，我又发愁起孩子的性格问题。我怎样才能让孩子的情商高起来呢，增强孩子适应环境的能力呢？

秋震说，我们孩子的优点和缺点就好比白纸和白纸上的一个黑点，黑点是孩子的缺点。其实每个孩子都是优点多于缺点，只是我们第一眼看见的都是那个黑点。还是要客观一点看待自己的孩子。我的孩子我最爱。

8月24日

今天带关欣去上唱歌课。因为调课了，所以关欣在一个陌生的班里上课。老师让小朋友站起来练声,所有的小朋友都站起来了,只有关欣还坐在那里。老师走到她身边,问她是否不舒服,她告诉老师是另一个班的,老师说没关系,站起来吧,把她拉起来,她才开始和小朋友一起练声,看到孩子的表现,我非常担心,感到孩子适应环境的能力有点差。

回家的路上遇到了一个小朋友的妈妈,告诉了我一个信息,在黄河路与文化路交叉口也有唱歌班。我有些想让关欣转到这边班上上课,总是近一些,可是关欣却不愿意。伤心得不得了,理由就是不愿意再换环境了。怎么办呢? 一方面,我确实理解孩子的心情;另一方面,也想让孩子转到近的地方,节省时间和精力。再仔细考虑一下吧。希望能找到两全其美的办法。

8月25日

今天和鲁民在一起聊天,她说为了让陶陶提高做题的正确性,她给孩子制定了一个规则,连续五天做作业完全正确,就带她去游泳一次,一旦哪天做错了,就要重新计算。我说,你这个规则制定得太苛刻了,会打击孩子的自信心。不如试一下连续五次或者累积十次,这样,孩子的努力才没有浪费,孩子的积极性才容易保持。她认为我讲得很有道理。因为陶陶曾经连续三天做对了,第四天做错了,结果前三天的"正确"就白白作废了,孩子的情绪很受打击。

9月3日

关欣开学后,表现得稍稍令我失望。假期里,她总是自己按照计划完成自己的事情,如果哪件事我下班后她还没有做完,我一提醒她就去做了。可是开学后,却总是要我一再地催促。正要烦恼,可是转头一想,上学期开学时我和她总是发生激烈地冲突,可现在我们俩相处得非常和谐,孩子的作业只是需要我催一下而已。这已经是个巨大的进步了。

9月4日

暑假后，我让关欣自己回家。我下班回家后孩子总是在看书。其实孩子已经很乖了，没有在院子里玩耍，没有在家看电视，可是我还是不满意。因为我希望孩子读书 30 分后去完成阅读计划表，我催孩子去写，孩子不愿意，还想继续读书。我就不高兴了。这就是自诩为民主的妈妈所干的事情。我看书起劲的时候，不吃饭不睡觉，关军催我休息的时候我还一百个不情愿呢。何况我的小关欣呢？当然是有其母必有其女了。

9月9日

今天上午孩子回家后，和我进行了如下的对话。

女儿：妈妈，小朋友都看不起我。

妈妈：你为什么会认为小朋友都看不起你呢？

女儿：她们都不和我玩。

妈妈：你得罪她们了？

女儿：没有。

妈妈：那她们为什么不和你玩呢？

女儿：她们玩的游戏，我不会玩。

妈妈：宝贝，你看她们不是不和你玩，而是你不会玩，所以她们并不是看不起你。

女儿：我太失败了。

妈妈：妈妈的思维老了，也不知道说得对不对。我有个建议，下次她们再玩时，你在旁边多观察观察，看看她们是怎么玩的，再找个会玩的小朋友问问规则，学会了就能和她们一起玩了。

女儿：好的。

停了一会儿

妈妈：不过，关欣，我是你的妈妈，所以不得不和你玩。如果我是你的朋友,我也不和你玩了。你总是不遵守游戏规则,只许你赢,一输你就不玩了,谁会喜欢和这样的小朋友玩呢? 小朋友在一起玩,应该学会考虑别人的感受。

女儿:我知道了。

10 月 6 日

关欣在做 100 以内的加减法时,遇到有进位退位的情况时容易出错。在听了王飞老师的讲座后,暑假里开始让她每天做两道混加混减的数学题。开始时平均每两天就要有一道题做错,20 天后,偶尔才会出错。40 天后,孩子基本上就不再出错了。

关欣学英语 3 年了,但是原来一直没有要求她背单词。上一年级后,发现她考试时因为不认识单词而做错题,开始要求她背单词,效果一直不佳。接触影响教育后,开始时,我要求孩子三天内会背五个单词,因为要求的时间比较宽泛,不具体,导致效果不佳。后来改变做法,改为一天一个单词,并让孩子用这一个单词造句,以一托三的方法背英语单词,每天都是学习一个新的单词,同时复习三个旧的单词。改用这一方法后,取得了不错的学习效果。

给王飞的一封信

王老师:

最近关欣有了一点儿新变化,想给您汇报一下。我坚持让关欣写"成长日志"有两个多月了。开始时,孩子总是按我要求的机械地写上"放慢速度,一遍做对""笔指、眼观、口读、脑想",现在,孩子要求晚上再写自我诊疗,对一天的表现进行总结,哪一点没有做到就写哪一点。于是就出现了"让粗心无处藏身"、"耐心让人变得聪明,粗鲁让人变得愚蠢"、"提高学习效率,遵守计划",这都是孩子进行的自我总结。为了让关欣写"成长日志",我做了很多努力,如"孩子说,我来写"、"孩子写"等,总之,坚持让孩子收获很多。现在即使哪天不写成长日志,关欣也不会忘记都有哪些事情了(当然指的是大项,语文作业因为样数多孩子会做一部分忘记一部分）。针对这一点，我现在采取了新的对策。先写下大项，然后留下空间让孩子具体写上当天的作业内容。

王老师，因为认识了你，让我知道针对孩子的问题进行具体地训练，内心不再彷徨无助。谢谢。

关欣（小学二年级学生）作品

2008 年 3 月 1 日
关欣的第一篇文章：（命题作文）

春 天 来 了

春天已经到来，人们脱掉了厚重的棉衣去掉了棉袄。树木穿上了绿色的衣服。大地穿上了绿色的衣裳。小河的冰融化了，花儿在春风开放。大家可开心了，因为春天到了。

2008 年 3 月 15 日

红　掌

今天我去了爷爷奶奶家，我看见了一盆植物叫红掌。这盆花叶子下面茎上面有两个圆，像桃心一样。它的花鲜红鲜红的，花蕊是金黄色的，上面有许多小点点。它的茎细长细长的，就像许多线绑到一块儿。它真漂亮呀。

2008 年 4 月 5 日

踏　春

我和爸爸去公园。一进门我看见小路两边的地铺上了绿色的地毯，看见花儿开放了。接着我看到了树叶变绿了。我们又往前走了走,看见人们的衣服变薄了,到处都是花香。我还爬树了,到处弥漫的都是春天的味道。

2008 年 8 月 3 日

乌　镇

在上海时,我和爸爸妈妈去乌镇。那天我们大约在八点四十的时候坐地铁去虹口足球场坐大巴车到乌镇。在那里爸爸去给我补门票,补完门票我们跟着导游进了门。看到了一条小河,河上面有许多小船,还有水上人家的一排房子。听导游说:"水上人家每人都有一条小船。"

然后到了染房,我知道了蓝色的染料是用一种叫板蓝的植物做成的,它的根就是我们很熟悉的药——板蓝根。我听到导游说:乌镇名字的由来是:木头泡在水中会腐烂,所以涂上了一种防腐烂的漆,从远处看上去就像蓝天下的一片"乌云",所以叫乌镇。

8 月 20 日

东 方 明 珠

今天,我很激动,因为我们要去东方明珠了。我们坐地铁到东方明珠去。我终于看到了东方明珠。爸爸说,身上只有三百块钱,我先去问问能不能刷卡。问的结果是不能,我们先去取钱,我们终于找到了银行。我们上了东方明珠,在上面我看到的人就像小蚂蚁一样。出了东方明珠,我们等着晚上的到来。我发现了东方明珠已经有一点点亮。晚上终于到了,我忍不住跳起了舞,那是色彩斑斓的灯光呀! 真是太美丽了!

连词造句的训练

7 月 20 号后开始给关欣做连词造句的训练,因为孩子小,所以只是给孩子出两个词或三个词。

翠绿　痛苦

翠绿的小草很痛苦。

坚强　伤心

一个很坚强的男子很伤心。

白云　美妙

白云唱着美妙的歌。

微风　亮丽

微风吹过,亮丽的小花朝我挥挥手。

9月29日第一次给孩子出了十个词,这十个词是关欣在平时的阅读中选出来的所谓的"好词"。

可惜　神气　著名　担心　突然　风光　伤心　高兴　开始　温暖

有一天,森林里很热闹,因为有一位著名的画家来到这里。当它神气地走上前来,它赢得了最热烈的欢呼声,大家都为它的到来而感到高兴。只有小刺猬在家里伤心地哭着,因为它害怕自己身上的刺扎到了别人,所以待在家里不敢出去。突然太阳光照到了它的身上,它开始感到温暖,它睁开眼看到的是一幅美丽的风光画。它可真想看一眼画这幅画的那位画家,可惜,它担心扎到别人而不能去。

●刘欣雨（小学三年级）作品—— 妈妈胡君萍是影响教育的志愿者,"少年作家训练营"的指导老师。

长　跑

在这次长跑活动中,我的身体强壮了许多。

大家不要觉得跑步很累,其实,长跑可以促进血液循环,增强身体抵抗力,不容易感冒。我是和爸爸妈妈一起参加长跑的。第一次和爸爸妈妈跑这么长的路，我们三个都快累坏了。第二次，我跑得最快，可爸爸妈妈却在后面不慌不忙地跑着。我跑了一会儿，觉得累极了，可爸爸妈妈还在后面轻松地跑着，我觉得很纳闷。不一会儿，爸爸妈妈就追上我了，可我已经跑不动了。爸爸妈妈笑着说："怎么样，后来者居上吧。"看着他们得意的样子，我一咬牙追了上去。跑到终点，我已经累得站不起来了，而爸爸妈妈只是有些喘气。看着我躺在地上一动不动的样子，妈妈笑着说："长跑长跑，就是要跑很长的路，所以，不能一开始就跑很快，要攒着劲匀速跑，最后冲刺的时候再加速，这样才能跑出好成绩。"

有了这次教训，在第三天的跑步中，我已经有经验了，我和爸爸妈妈匀速跑完了一半路程，接着，我越跑越有劲，加快速度跑完了剩下的路程。看着落在后面的爸爸妈妈，我一边为他们加油一边得意地笑了。

我喜欢上了长跑，因为，在长跑中我不但锻炼了身体，而且增强了自信心，并且，在长跑中发生的一件小事让我明白了一个道理。

有一次，我有一点感冒，妈妈让我早上不要跑步了，休息一下。可我觉得没什么，就坚持早上跑步，没想到，跑了几天，感冒竟然不治自愈。这就是"贵在坚持"的好处。

讲完长跑的好处，我还要告诉大家一些跑步的注意事项：刚吃完饭不要剧烈运动；跑完步很热会出汗，不要马上脱衣服吹凉风，会感冒的；最后告诉同学们一点：坚持到底就是胜利。

我 爱 读 书

我的爱好有很多，如读书、游泳、旅游等等。但是我最喜欢读书，有时候还真像个书呆子。我最喜欢看侦探书，有一次妈妈给我买了一本《福尔摩斯探案全集》，我非常高兴，晚上一吃完饭，我就拿出来看，一直看到十一点多，妈妈叫我睡觉，我跟没听见似的，还拿着书坐在书桌前津津有味地看着。妈妈见我看得那样入迷，便走过来说："小书迷，再看下去就会有黑眼圈的！"我这才想起睡觉。

"读书破万卷,下笔如有神",在每次作文时,我的优势尽显,当老师布置完作文时,我便快速提笔一挥而就。等我写完了,看看四周,很多同学还在抓耳挠腮,急得像热锅上的蚂蚁,到了下次作文课,我的作文总被老师点名表扬,我的心里别提有多高兴了。

我想,我一定要继续努力,认真地读书学习,多长见识,做个有学问的人。

妈妈给我定的新规矩

一天,妈妈说要给我定一个新规矩。妈妈说:"以后你想要什么东西,我不会轻易给你买,而是让你自己努力去争取。"我说:"怎么个争法?"妈妈说:"在一张纸上画50个五角星,你得够10个我就会给你10元钱,你想买什么就买什么,我是不会不让你买的。"我说:"怎样得五角星呢?"妈妈说:"你要表现得好就可以得一个五角星。比如说帮妈妈干家务就可以得一个五角星,还比如写作业的时候背挺直就可以得一个。"我觉得用努力得到自己想要的东西是很有意思的。

● 朱星翰(小学二年级学生)作品——他的妈妈朱秋震是一位英语教师。

第一次坐公交车

（朱星翰　6岁10月）

第一次独自坐公交车,我心里既紧张又激动。妈妈既高兴又担心,临走前,爸爸拥抱着我说:"儿子,相信你一定能行。"上车后,我一边看着窗外标志建筑,一边认真地听报站。车终于到了站,我下了车,心情特别激动。完成了第一次坐车的任务,我觉得又长大了!

嫦 娥 奔 月

（朱星翰　6 岁 10 月）

今天晚上,我和妈妈一起看嫦娥一号卫星飞向太空。嫦娥一号升空那一刻,我心里非常兴奋,不知道"月球嫦娥"见到"地球嫦娥"时该是怎样的激动,她终于有姐妹了。

迷路的小蛇

（朱星翰　7 岁 5 月）

这是一个美丽而炎热的夏天,灿烂的阳光,照耀着一片绿色的世界。

这天,我和妈妈在树林里散步。忽然,我看见一条小蛇,东张西望,好像很着急的样子,于是,我走上前去问它:"你怎么了?"它说:"我找不到家了。"我说:"不要着急,你有家里的电话吗?"小蛇说:"有的,是12120202。"我赶紧用妈妈的手机打了电话。过了一会儿,小蛇妈妈来了。小蛇高兴地说:"谢谢你,回头请你吃饭。"我说:"不客气,回头见。"

妈妈竖起大拇哥对我说:"儿子,你真棒!"

假 如……

（作者:朱星翰　7 岁 郑州市互助路小学 2 年 6 班）

假如
假如我有一枝马良的神笔
我一定给四川灾区的小朋友
画一所学校

他们再也不会只坐在帐篷里

而是像我们一样

坐在明亮的教室里

一起读书学习

●**王宽的小说——** 王宽是保定市一名小学五年级学生，妈妈也是一位"影响教育"的志愿者。

有惊无险的旅行

汤姆、张强和憨豆这三个人是非常要好的朋友。汤姆是一家饭馆的老板，有一个大大的肚子。张强是一家公司的老板，带着一双 200 度的眼镜。而憨豆是一位非常有名的化妆师，长着一头金发。有一天，他们三个人聚在了一起商量明天去沙漠一游。

汤姆扶着他那大肚子说："咱们要有计划地出行，等一会让我想想，嗯……有啦！这样，张强你去准备水和食物，憨豆你去准备地图，我去准备骆驼，你们说行吗？"大家异口同声地说："OK。"

第二天，他们准备了水、食物和骆驼，还带了三个下人，可是就是忘了指南针这回事。因为是短途旅行带的水和食物并不多。他们六个人在这个荒无人烟的沙漠里开始了旅行。

他们三个骑着骆驼不知走了多长时间。这时他们的食物和水都用完了。这时他们想回去了。突然其中一个下人发现，有许多一模一样的脚印。后来才知道大家迷失了方向在转圈。因为总是转圈所以再也回不去了。

这时，天渐渐地黑了下来。太阳慢慢地沉下了地平线，

他们的下人说："咱们就在这儿住下吧。"过了一会儿，四周一片寂静，仿佛一切生命都停止了，呈现出一片荒凉的景色。

晚上，一个下人忽然听到一个声音，从梦中醒来了。他环视四周，发现一

群土狼悄无声息地向他们潜伏靠近。他一边注视着狼群一边悄悄地叫醒了旁边正在熟睡的人们。被叫醒的人们看到土狼后非常地心神不宁,只有一个人仍在呼呼大睡,那就是汤姆。

憨豆一甩金发带着一股娘家腔说:"汤姆快起来!" 可是他还是不动声色。

张强一提眼镜想了想说:"汤姆开饭啦!"汤姆一下蹦了起来说:"给我盛一碗。"

张强说:"你就知道吃,狼都让你招来了。"

汤姆说:"趁狼群还没发动攻击咱们赶紧跑吧。"

憨豆说:"往哪儿跑呀,四周都是狼群。莫非让我们飞出去吗?"

张强急中生智说道:"咱们把三匹骆驼都赶跑,把狼群引开,咱们或许可以趁机逃跑。"

汤姆问张强:"咱们真能逃跑吗?咱们的骆驼能跑这么快吗,也许没跑几步就让狼群给捉住吃掉了。我们怎么办?"

张强说:"凉拌。"

汤姆说:"凉拌什么菜? 给我来一份。"

张强说:"还想着吃,你就不怕狼把你红烧了? "

说完后又叹了口气说:"要是有一挂小鞭炮就好了。"

憨豆说:"是的,土狼吃完我们的确需要用小鞭炮庆祝一下。"

汤姆说:"我有鞭炮,就是不知道谁去送。"

张强眼镜一亮说:"当然是让骆驼去送了。"

大家异口同声地问:"怎么送?"

张强说:"把鞭炮挂在三只骆驼尾巴上,再用打火机把它点着。"

汤姆说:"点着好办,借我打火机。"

张强问汤姆说:"你没有吗? "

汤姆说:"我要是带着鞭炮再带着打火机,我不是找死吗?这样的问题你都问得出来。"

憨豆说："我有打火机。"

三个主人同时点燃了鞭炮,骆驼们飞快地向前冲去。狼群被冲散了,土狼紧随驼群之后追了上去。

六个人总算松了口气。

汤姆的下人说："赶紧跑吧,狼群一定会回来的。"

于是他们朝狼群追去的反方向走去。

天开始蒙蒙亮了。

一个下人模模糊糊看到远处有一个像月亮一样的东西。他问汤姆："天上有两个月亮吗?"汤姆回答:"没有啊。"下人说:"你看那是什么?"

汤姆一看,心里一惊,说:"那不是月亮,那是香蕉树。"

憨豆说:"你们家香蕉树的香蕉倒着长啊,这是……"

张强说:"你们想什么呢,那是绿洲"。

汤姆摸摸已经饿扁的肚子说:"既然是到绿洲了,咱们冲啊。"

他们看到了希望和生机。

● **贾仕豪的小说——一名曾经非常不喜欢作文的小学四年级的学生,却写出了下面这么生动的文字。**

《决斗》节选

贾仕豪著

第一集　妖怪出世

五百年前,在一个美丽、富饶而遥远的国度,生活着一群勤劳的人们。突然有一天,从遥远的鬼魂山飞来了四个妖怪,他们分别是山中之王、大刚、铁钩和铁棍。来到人间就开始作怪。

四个妖怪中"山中之王"是头领,这家伙虽然长得不胖不瘦,但有一双大到占脸的面积一半的眼睛，并且很敏锐，就是眼前飞过一个细菌，他都能看见，并且还能知道是好细菌还是坏细菌。所以他出现的地方，人们跑都跑不掉。

大刚是"山中之王"的护法。头上长着三只大角，可以顶破石头。村民的房子被他顶坏了许多。两只手虽然不大，不过像钳子一样，一下就能把大树掐断。很多人的脖子被他掐断了。

"铁钩"的手是两只钩子。经常用钩子把人勒死。叫"铁棍"的妖怪，力气很大，能把十栋房子举起来。很多人被他用房子压死了。

他们杀人、喝人血、吃人肉、烧房子等，做尽了坏事。

这些事情很快传到了当地的一位师傅的耳朵里。这个师傅是当年齐天大圣孙悟空的徒弟。师傅一怒之下举起大山，"轰"一声，把他们压到了大山下。

这位师傅不放心，怕那四个妖怪再逃出来干坏事，就教了五位弟子，分别是超级赛亚人、天使、剑克、克侠和小兰。他们每天都在很用心地练功。学完后，师傅教他们"必杀技"或给他们武器。超级赛亚人是大徒弟，学的"必杀技"是"龟派气功波"和孙悟空的"七十二变"。天使是二徒弟，练的是"复活之光"和"电磁波"。"复活之光"能把人复活。老三叫克侠，师傅给他的是一个长矛和孙悟空的"筋斗云"。老四是剑克，师傅给剑克的是短剑和盾牌。当中最小的是小兰。小兰是不知道被谁遗弃的女孩。师傅给小兰的是武器"电鞭"。

时间过得很快，转眼间五百年就到了。那四个妖怪修炼了五百年，打烂了大山，逃了出来。

一天，超级赛亚人在散步。突然，来了一个火球。超级赛亚人躲了过去。这时，心狠手辣的大刚从天而降。用头上的三只大角把超级赛亚人顶倒在地。大刚张开"钳子手"向超级赛亚人的脖子夹去，就在这时……

《兄弟学校》节选

第一章

在一个美丽、富饶而遥远的国度,生活着一对老夫妇,他们无儿无女,整个家庭的生活来源都靠老爷爷擦皮鞋为生,所以,他们生活非常拮据。

一天,老爷爷背着箱子,向往常擦皮鞋的地方走去,见到许多人都在窃窃私语。他走近想去听听,却不知为什么无法靠近。突然,天变得阴沉沉的,轰隆隆地打起雷来,可窃窃私语的人们好像没有发觉。正在这时,一道金色的闪电骤然降落,正中老爷爷眉心,"啊!"一阵撕心裂肺的惨叫过后,老爷爷扑通一声倒在地上。窃窃私语的人们也像中了邪似的,一个个跪倒在地,脸色灰暗得像一座座石塑,身体也慢慢僵硬起来……城市寂静了……

第二章

老爷爷和人们的灵魂在走,走啊走啊,眼前的景色变了,变得美妙起来,好像来到了传说中的桃花源。一棵棵妩媚的桃树上,一簇簇粉红色的桃花绽放着,幽静的石子路有一种淡淡的清香,使人感到温馨、舒适。绿油油的草不高但茂密,生长在树与树之间的空隙,好一片生机盎然的景象!

人们又走着,这一片景象还是接连不断地出现在眼前。不久,便觉口中干渴,有了想喝水的念头,在这强烈的欲望开始了的时候,人们眼前变魔术似的出现了两条小河,一条清澈见底,河底五彩的鹅卵石依稀可见。而另一条却恰恰相反,浑浊的河水里满是泥沙。人们争先恐后地去喝清澈的河水,不一会儿,竟把河水喝光了。老爷爷年老体弱,只得目瞪口呆地看着这不可思议的景象,可口渴难忍,老爷爷只好去喝那浑浊的河水。没想到,这浑水也这样清凉解渴,老爷爷正这样边想边喝,突然,一粒石头被老爷爷一不留神喝了进去卡到了喉咙里,"咳咳",可怎么也咳不出啊!老爷爷顿觉头晕目眩,晕过去……

现实中,城市里的人们都醒了过来。老爷爷也慢慢爬了起来,此时夜幕已降,老爷爷背着擦鞋箱,往家走,还不时咳着,那块石头还在他的喉咙里。老爷爷边咳边走,石头还是咳不出,总让一粒石头在喉咙里也不是个办法啊,老爷爷想着,他狠狠心,一咽,把那石头咽了进去。顿时,喉咙不再难受了,老爷爷放心地回了家。

第三章

过了几天,老爷爷就把那事儿给忘了,照样天天背着箱子去给人擦皮鞋。可不久,他却发现这事儿没这么简单。

最近,老爷爷总觉得有些不舒服,总是恶心想吐。唉,真是老了,肠胃似乎有了些毛病,得吃些药。老爷爷这样想。可吃了许多药,这病却屡治不好。唉,真是老了,老爷爷对自己的身体有些失望。一天天,一月月过去了,肠胃不仅没有好,老爷爷的肚子也渐渐大了起来。这时,老爷爷的老伴儿感觉有些不大对劲儿了,这怎么这么像……不对不对,他可是男的呀,一定是我判断错了,老奶奶对自己很灵的直觉也有些怀疑了。过了几个月,老爷爷的肚子挺得像吞下了个大西瓜,擦皮鞋也弯不下腰了,家里本来就靠老爷爷擦皮鞋收入一点钱,不能让老爷爷总这样待着呀,老奶奶拉着老爷爷去找医生瞧瞧。

医生仔仔细细看,眼睛中露出了疑惑的神色,怎么会……不可能呀,他是男的,不可能不可能,准是我看错了,医生实在不敢承认这结果,犹豫了半天,才把老爷爷打发出去,小心翼翼地对老奶奶耳语:"我建议让他去妇科看看……"刚说完,老奶奶瞪大了眼睛叫道:"什么,你是不是医生啊,你仔细看看,他是男的!""不是不是,你听我说,我知道他是个男的,但是经过我多年的行医经验推测,我觉得……""觉得什么?""觉得……""觉得什么呀!""觉得,他……他……他可能怀孕了！""啊!?"虽然和自己料想的一样,老奶奶仍然不敢接受这个现实,怎么会呢?老奶奶有些精神恍惚,晃晃悠悠地出了门,又拉着老爷爷回到家,还是不敢相信。她安顿好老爷爷,自己对这件事不仅感到怀疑,也感到惊奇,默默地向上天祈祷:"让这是个梦吧……"

可又过了一段时间,不可思议的事情发生了……

第四章

"哎哟……啊……"漆黑的夜幕下,一座简陋的小房子里传来一阵阵老人痛苦的惨叫。

"你,你,你怎么了?!"老奶奶焦急地尖叫。

"好痛!"老爷爷的手紧紧抓着肚皮,好像要把剧痛的肚子拔下来一样。

"我去给你找医生!"老奶奶起身冲出屋子。

不一会儿,一位医生与老奶奶一起进来了,这医生正是当初为老爷爷就诊的那位。他迅速查看了一下,"做手术!"简短的三个字让三个人都慌忙起来。老奶奶急急忙忙地打开所有的灯,点燃所有的蜡烛,医生准备手术,而老爷爷——更加大声地叫了起来。许久,终于完成了手术的一切步骤,医生沾满鲜血的双手举着一个扯开嗓子大哭的小女婴,他非常骄傲,因为他证明了自己以前没有误诊,这老人确实怀孕了——虽然他是个男的。

老奶奶在手术完成的那一刹那,扑向了老伴,猛地抱住老伴的脖子。突然,她惊呆了。她抱住的头没有丝毫生命的气息! 老爷爷的呼吸停止了。"医生!"老奶奶瞪大眼睛,大声尖叫。医生被吓得一愣,回过神来,走向了床边。"你看,他,他,不呼吸……"老奶奶有些语无伦次。"什么?"医生把手指伸向老爷爷的鼻孔,突然又缩了回来,"怎么会……"医生又把手放在老人的胸口,老人的手腕,没错,呼吸停止了,心跳停止了,脉搏停止了! 医生回过头,轻轻地说了一声:"没救了。"

"不——"一声惨叫划破了夜空,老奶奶像杜鹃啼血一样,冲出屋子,消失在一片黑暗中,不见了踪影……

不知怎么回事,这秘密竟不胫而走,传到了电视台。

"亲爱的观众朋友们,欢迎您准时收看《城市新闻》。请看内容提要……据知情人透露,就在昨天晚上,一位老年男士不知是何原因竟产下一位女婴("啊!"所有电视机前都传来惊呼),但该老年男士不幸死亡,此人的妻子因打击太大而失踪。现在女婴无人喂养,如有人愿意给孩子一个归宿,请来本电视台报名,择优录取。"

电视节目刚刚播完,这条新闻就成了城市里的一大话题,虽然都在谈论,但没有人愿意领养这个孩子。"一个老头生的孩子肯定有些问题。""这老头生完就死了,不是什么好兆头。"……

只有一人沉默不语。

第五章

"这件事真有些蹊跷。"他坐在太师椅上自言自语。

他是谁? 谁也不知道。他总是待在那座偏僻的小房子里,寸步不离。出去办事或采购都由一位姓艾的保姆代理,也许这个艾妈妈是这座城,甚至整个国家唯一了解他的人吧。但这艾妈妈也不爱说话,那些天天无所事事的老太太总想搞个清楚,可艾妈妈守口如瓶,摇摇头继续干她的事去了。这就引起了一些人的胡思乱想和流言蜚语。有人说那个男人有什么病,不能出门。有人说那个人有什么不可告人的秘密。有人说那人是个流窜犯,出来就有警察逮捕他……总之,五花八门,可都是没有什么根据的胡言乱语,确实要承认,某些人在这些方面想象力是不可限量的。

"难道,机会终于到了?"他的眉头紧锁起来,"我想是的。今晚我也许是该露面的时候了。"

"是的,那小女孩也许就是你想要的,她也许真的能使你得到你梦寐以求的东西。"艾妈妈耳语似的说道。

"那好吧，收拾一下东西，找到那个小女孩，我们马上就走！"他命令着。

"好。"

"啊，夜幕降临的时刻，是我这一生最快乐的时刻啊！"他仰天长啸。

人们被这突如其来的吼声吓了一跳，所有人的目光都聚集到了这个陌生人身上。"他是谁？""我不认识。"街上响满了窃窃私语。这个穿着大衣、戴着墨镜的男人引起了人们的注意。他却像没有听见人们惊异的话语，径直向电视台走去。

电视台的找心文女士接待了他。

"你好，先生。我是电视台的找心文女士，请问您有什么事吗？"

"哦……你好！对不起，我要领养女婴。"

"好的，您说的是那位老先生生下的小女孩吧。"

"对，没错。"

"她现在正在星星孤儿院，我想，她现在也许睡了。"

"好了，谢谢，我走了。"

"再见！"

他直奔星星孤儿院。

"请问您有什么事吗？"

"我要领养那个老先生生的女孩。"

"哦，那登记一下吧。抚养人姓名？"

"嗯……这个……你写艾弟吧。"

"给这个孩子取个名字吧！"

"哦，好吧，嗯……呃……这个……叫，叫，叫……"他透过窗户向外看，想寻找一些灵感，"哦，对了，就叫艾星星吧！"

"好的。"

"我走了。"

"再见！"

他抱着艾星星走出了孤儿院,这时,他突然感觉到有什么东西在闪闪发亮,他寻找到了光亮的来源,是艾星星紧紧握着的小拳头中的一个东西。他终于绽开了灿烂的笑容,他含笑的眼睛望着漫天闪烁的繁星。然后低头跨进了艾妈妈驾驶到孤儿院门口的小轿车里,疾驰中,来到了另一个国度。

第六章

"呜——"汽车疾驰的声音伴随着他们,也就是那个自称艾弟的人以及司机艾妈妈和艾弟怀中熟睡的小女婴——艾星星,跨越着千万里土地。

艾弟就坐在副驾驶的位置上,他一句话也不说,直盯着艾星星小小的拳头中那闪闪的光亮,眼中露出了渴望的光芒,像一匹饿狼盯着寻觅已久的食物,那目光凶狠、可怖。

保姆艾妈妈只是呆滞而机械地踩油门,转动方向盘。但每隔一会儿,也会用余光扫一眼小女孩,似乎生怕这个婴儿变魔术般地不翼而飞了,然后,继续呆滞而机械地开车。

而这个受这两人关注的小女孩,她刚刚获得了自己的名字——艾星星。她还在香甜地安睡着,对自己身处的情况全然不知,和在那个与她同名的孤儿院里一样安静,一样无知无识。

宁静的夜晚依然像他们出发时那样,漆黑一片,闪烁着的不计其数的星星仍点缀着夜幕。但不同的是,他们已不知穿越了几个国家与城市。

天渐渐亮了,又渐渐黑了。小小的艾星星哭闹着,醒了,又睡了……

几个夜晚过去,又迎接着几个白天来临。终于这辆神奇的、不用任何燃料的小轿车停了下来。

然而迎接他们的并不是一座热闹的城市,而是一条弯弯曲曲,晦暗的小道。

BOOK

黑龙江教育出版社精品图书

书名 学习经纪人
——父母把孩子培养成会考试的孩子

作者 [韩国]朴志雄 刘日波 译

能让孩子自觉、自主学习的秘诀。

对于学习好的孩子,学习的老师 NO! 学习的经纪人 Yes!

定价 25.00 元

书名 爸爸每天 10 分钟启发孩子智力

作者 [韩国]李相和 崔庆哲 译

父亲的教育效果是母亲的十倍!

繁忙的父亲在家里为孩子投资 10 分钟,就会改变孩子的学习人生。

定价 22.00 元

书名 告诉自己:考试不怕
——青少年必修的考试方法课

作者 晨 曦

教育专家从心理、生理、学习方法上告诉你考试取得高分方法。

有心、细心、用心;学懂、学通、学透。

对自己大声说:考试,EASY!

定价 28.00 元

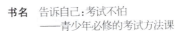

书名 告诉自己:挫折不怕
——青少年必修的挫折课

作者 晨 曦

教育专家从心理、生理、人际交往上告诉你战胜挫折方法。

挫折告诉我们人生的真谛:正规、不屈、沉着、奋进!

定价 28.00 元

书名 学习快车
——王飞博士问答式学习方法课

作者 王 飞 邱 羽

优秀的学生不是老师"教"成的,而是"影响"造就的。

"教"只能几年,"影响"却是一生。

家长和老师影响孩子的方法有四种:引导、督促、分享、榜样。

定价 28.00 元

BOOK
黑龙江教育出版社精品图书

书名 快乐的父亲

作者 [韩国]李喜乐 著 朴泰秀 译

　　本书讲了"做快乐父亲的方法29"。这是父亲们寻找幸福的方法论！它告诉人们：父亲快乐，家庭就会幸福！是一本父亲们先读，家庭成员为了父亲的幸福而一起读的书！

定价 29.80元

书名 韩国女人的美丽人生

作者 [韩国]李智莲 著 朴泰秀 译

　　作者用自己的亲身经历，从心理、职场、家庭等多个角度，讲述了作为女人应如何跳出社会上传统的观念和世俗偏见的框框，别做"能干的事"，而要做自己"想干的事"，从而实现幸福的自我。

定价 28.00元

书名 魅惑的技巧

作者 [韩国]宋苍旻 著 权美兰 译

　　超越漂亮外貌的超强竞争力，其核心是什么——"魅力"！本书列举了成为具有魅力之人的魅惑的50种行之有效的方法。要成为一个具有魅力的人，还要不断地突破自己，超越自己。

定价 28.00元

书名 心跳的人生

作者 [韩国]姜宪求 著 崔庆哲 译

　　这本书是为了正在设计人生"愿景"——绚丽的梦想而诞生的。通过对人生的"洞察"和"决心"，"突破"与"飞跃"，讲述世间的任何幸福都无法与之相比的，使你欢喜和感动的成功方法。如果你已经决定追逐那发自内心的，既不会变弱也不会停止的催人奋进的鼓声，这本书会传授你洞察、决心、突破、飞跃的技能，会成为引领你向着梦想勇往直前的路标。

定价 28.00元

邮　购

名称：黑龙江教育出版社

地址：哈尔滨市南岗区花园街 158 号　**邮编：**150001

联系人：杨海萍　**联系电话：**0451-82533097　**传真：**0451-82533087

图书在版编目（CIP）数据

决定孩子一生的五项特质 / 王飞，邱羽著. —哈尔滨：黑龙江教育出版社，2009.11
ISBN 978-7-5316-5435-3

Ⅰ.①决… Ⅱ.①王… ②邱… Ⅲ.①家庭教育 Ⅳ.①G78

中国版本图书馆CIP数据核字（2009）第201228号

决定孩子一生的五项特质
——王飞博士家庭教育方法课

JUEDING HAIZI YISHENG DE WU XIANG TEZHI
——WANGFEI BOSHI JIATING JIAOYU FANGFAKE

作　　者	王飞　邱羽
选题策划	宋舒白
责任编辑	宋舒白　宋怡霏
装帧设计	益格堂工作室
责任校对	宋玉霞
出版发行	黑龙江教育出版社（哈尔滨市南岗区花园街158号）
印　　刷	北京市文林印务有限公司
开　　本	787×1092毫米　1/16
印　　张	19
字　　数	260千
版　　次	2010年1月第1版
印　　次	2010年1月第1次印刷
书　　号	ISBN 978-7-5316-5435-3
定　　价	29.80元